Sigrun Casper, *Männergeschichten*

Sigrun Casper

Männer
Geschichten

konkursbuch
Verlag Claudia Gehrke

Immer noch bedroht mich das Gerücht, das sich „Männlichkeit"
nennt. Wie ein Mann handeln. Nicht so zögerlich und
unentschlossen. Wie ein Mann die Faust auf den Tisch
schlagen. Nicht so sensibel und so weich. Nicht so zimperlich
und überempfindlich. Wie ein Mann sprechen. Ein Mann, ein
Wort. Nicht so blumig und verschnörkelt. Fass dich kurz. Sei
sachlich. Nur die Fakten, keine Details. Wie ein Mann Schmerz
empfinden. Nicht die Fassung verlieren. Betroffen, aber kontrolliert.
Nicht hysterisch werden, nicht weinen und nicht schreien.

aus: Mario Wirz, »Es ist spät, ich kann nicht atmen, ein nächtlicher Bericht«,
Aufbau Taschenbuchverlag, Berlin 2005

Die Hühner und Gott

Aus dem Spalt zwischen den Vorhängen stieg der Lichtstreif in Jans Zimmer. Schneller als ein Schreck huschte er über die Decke, die Wand und den Fußboden zu Jan, der die Luft anhielt. Das war bestimmt Gott. Gott wog nicht mehr als ein Kloß Luft in der Kehle. Und Er hatte nur gewartet, bis es dunkel war. Jan atmete aus und drehte sich zur Wand und wünschte sich einen spannenden Traum.

Manchmal, wenn er in die Wolken schaute, erkannte er einen uralten Mann mit einer silbernen Nasenspitze. Kniff er die Augen lange genug zusammen, sah er den alten Mann sehr aufrecht in einem gepolsterten Stuhl sitzen. Jan blinzelte in die Höhe, unbewegt wie vor einer Eidechse. Nach einer Weile hörte er es flüstern. Verstehen konnte er kein Wort, aber er war zufrieden.

Gott war es auch, der Mutter dazu brachte, den Mund zu verziehen und zu fluchen und ihn zu beschimpfen, wenn er im Diktat wieder eine Fünf gekriegt hatte, weil er so faul war und nicht übte, wenn er die Schule geschwänzt hatte oder abends später als abgemacht nach Hause kam. Wahrscheinlich war es Gott, der ihr dann einredete, sie könnte ihn zur Strafe ruhig mal verhauen. Wenn es nämlich Gott war, der ihr die bösen Worte gab und ihre Stimme schärfte und ihre Hand hart machte, musste Jan nicht eine Sekunde lang daran zweifeln, dass seine Mutter ihn trotzdem mochte. Warum er so schlussfolgerte, konnte er sich nicht erklären. Gott gab sich nicht zu erkennen. Darum blieb Jan nichts weiter übrig, als an Gott zu denken und sich alles Mögliche vorzustellen. Es war zum Beispiel möglich, dass die Menschen Gott in der Kirche einfingen, Ihn in ihren gefalteten Händen festhielten und als Glockenläuten wieder rausließen.

Zwei Mal war Jan in der Kirche mit den lauten Glocken gewesen. Das erste Mal an einem Sonntag, als Bodo mit seinen Eltern weggefahren war und er nach dem Frühstück in der Gegend herumlief und nicht wusste, was er alleine anfangen sollte. Da sah er, dass die Tür der Kirche geöffnet war. Er rannte los und schlüpfte zwischen den Leuten durch und stand auf einmal in dem hohen Kirchenraum. Ehe er es sich anders überlegt hatte, saß er schon am Ende einer Bank und konnte nicht mehr weg. Gott hatte ihn in die Kirche geschoben und hielt ihn fest. Die Bank war hart. Orgelmusik dröhnte, Frauen sangen mit dünnen Stimmen. Der Pfarrer im schwarzen Mantel redete, als wollte er mit seiner Stimme kleine fauchende Tiere bändigen. Gott quasselt nicht, dachte Jan. Die ganze Zeit hielt er die Hände gefaltet. Als er sie voneinander löste, waren sie innen rot. Das zweite Mal war er mit Mutter und Oma in der Kirche, letzten Heiligabend. Oma, die aus Hamburg gekommen war, wollte unbedingt zur Christmesse. Mutter verzog das Gesicht, Jan schwieg. Oma sagte: Es wird ganz wunderbar, ihr werdet sehen.

Die Kirche war geheizt, überall funkelten Kerzen in hohen Kerzenhaltern. Jan sah sich um. Zum Geburtstag Seines Sohnes hatte sich Gott ausgedacht, den Leuten friedliche Gesichter zu schenken. Mutters Gesicht sah aus, als könnte sie niemals zetern und fluchen. Sogar die Hände faltete sie. Jan lehnte sich abwechselnd an ihren und Omas Arm und dachte an die Geschenke. Der Pfarrer las hoch und tief und irgendwie gleichgültig die Weihnachtsgeschichte vor, dann sprach er von Liebe. Die Orgelmusik war wie dunkle, bunte, verschieden große Blumen, die an langen Stängeln über ihm und den Leuten hin und her schwangen. Gott gab den Blumen ihren Schwung und schwebte im Klang mit. Jan öffnete den Mund wie ein Fisch und schnappte sich ein paar Töne.

Weil Gott ein Geheimnis umgab, konnte es sein, dass Er so etwas Ähnliches wie eine Antwort war, eine besondere Antwort, eine, die man nicht verstand. Jan verwarf den Gedanken, denn auch die schwierigsten Antworten bestehen nur aus Wörtern. Die Fragen, die Jan einfielen, drehten sich um Dinge, die man sehen und anfassen, über die man reden konnte, zum Beispiel was Schnee ist, wie eine Gitarre funktioniert, wie ein Kind entsteht. Die Antworten waren auch zum Anfassen. Aber für manche Dinge gab es keine Fragen. Manches ließ ihn stumm dastehen und zog ihm nur die Haut auf der Stirn zusammen. Um Fragen und Antworten zum Anfassen ging es Jan nicht, wenn er etwas sah, das er selbst nicht fassen konnte. Es war ihm dann, als langte eine Hand in ihn hinein und blieb geöffnet dort, wo sein Herz klopfte.

Auf welche Frage hätte man ihm seinen Kummer erklären können, als eines Nachmittags ein Kran eine Eisenkugel an dicker Schnur gegen die Mauern seines Taubenhauses schleuderte, stundenlang, bis das ganze alte baufällige Haus nur noch ein rauchender Trümmerhaufen war? Natürlich hätte man fragen können, wer das befohlen hatte und warum. Das brauchte er nicht zu fragen, das konnte er sich selbst denken. Um Fragen ging es ihm nicht, als er auf der anderen Straßenseite stand und das immer weniger werdende Haus anstarrte und an seine Tauben dachte. Ausgelacht hatten ihn die Männer, als sie ihn heulen sahen. Und Mutter erst, die würde sich freuen, na endlich, würde sie sagen. Sie hatte sich immer darüber aufgeregt, dass die dreckigen Tauben auf dem Dachboden des Abrisshauses seine Freunde waren.

Er konnte sich nicht von der Stelle rühren, so deutlich spürte er die Hand in seiner Brust. Nur die Fäuste konnte er ballen in den Hosentaschen. Seine Tränen waren ihm egal und auch, ob man ihn auslachte. Die ganze Zeit hatte er an seine Tauben denken müssen und daran, dass er eben bloß ein Kind war. Plötzlich aber, als er in den Rauch starrte, hörte er es flüstern und konnte es Wort für Wort verstehen. Stell dir vor, du bist eine Taube und fliegst raus aus deinem kaputten Haus und merkst, dass du lebst.

Der Trost hielt bis zum nächsten Tag vor. Seine Freunde, die Tauben, waren fort. Das hatte Gott zugelassen. Das Haus stand nicht mehr da, die Tauben kamen nicht wieder. Gott war eine Stimme, die normale Sachen sagen konnte. Gut und schön. Sollte das alles sein?

Beim Abendessen starrte Jan aus dem Küchenfenster. Er dachte an den Lichtstreif, der nachher wieder durch sein Zimmer huschen würde. Er dachte an den Religionslehrer, der von Gottes Sohn auf Erden und dessen guten Taten erzählte und von den zwölf Aposteln, die sie dann ausmalen mussten. Er zuckte mit den Achseln. Die Mutter schwieg. Er kaute und fand alles grau. Ihr gereiztes Schweigen, oder wenn sie ihn an sich drückte und küsste, als wollte sie alles wieder gutmachen; seine Überlegungen, wo die Tauben ihr neues Zuhause gefunden haben mochten, überhaupt alles, was er dachte, woran er sich erinnerte, das ging glatt und trüb in ihm ein und aus. In einer tiefen schattigen Ferne krachte ein Haus lautlos zusammen, aus den Scherben flatterte ein Schwarm Vögel, Rauch stieg in den Himmel. Wenn sich ein Haus so mir nichts, dir nichts in Rauch verwandeln lässt, einem die liebsten Tauben wegfliegen und das Leben wie ein langer Güterzug an einem vorbeirattert, wenn Dinge, die wichtig sind, der Himmel und alle Fragen so tun, als wären sie beleidigt und kennten einen nicht mehr, dann konnte ihm der liebe Gott gestohlen bleiben.

Er schluckte. Mutter, sah er, wollte ihm etwas sagen, aber sie sagte es nicht. Ihr Schweigen fühlte sich auf einmal gut an, warm kroch es ihm den Rücken runter. Seine Tränen waren schon auf dem Weg. Er schluckte nochmals und stellte sich vor, etwas müsste durch die Wand oder durch das geschlossene Fenster kommen und seine Fragen anhauchen, auch die, für die es keine Worte gab. Er wollte bei seinem Gott bleiben, er wusste nur nicht, wie er Ihn an sich heranholen konnte.

Mutter stand auf und räumte den Tisch ab. Er blieb sitzen. Später half er ihr abtrocknen, ohne dass sie ihn erst auffordern musste.

An einem Sonntag beim Mittagessen, am Himmel über dem Haus gegenüber lag eine dicke Wolke, hielt Jan es nicht mehr aus. Nächtelang vorm Einschlafen, versteckt unter der Decke, damit nur der Lichtstreif nicht kam und ihn foppte, hatte er überlegt, wie er sich ausdrücken sollte und war immer wieder nur auf die einfachste Frage gekommen. Die murmelte er jetzt in sich hinein, als übte er noch, während er ein Stück von seinem Eierkuchen abtrennte und auf die Gabel blickte.

»Gibt es Gott wirklich?«

Aber ja doch, müsste sie antworten, natürlich gibt es Gott, aber es kommt schon mal vor, dass man Ihn aus den Augen verliert. Warte, Jan, Er ruht sich aus. Er ist groß und alt, weißt du, darum braucht Er auch länger zum Ausruhen. Etwas in der Art müsste sie zu ihm sagen. Mutter fragte nach, weil er leise gesprochen hatte, drei Mal musste er seine Frage wiederholen, das Messer kratzte auf dem Teller. Als sie sein

Gemurmel verstanden hatte, streichelte sie ihm über den Kopf und lächelte ihr Lächeln, dieses besorgte, gerührte Mutterlächeln, mit dem er nichts anfangen konnte, das ihn trotzig und zornig machte und ihn dennoch lähmte. Schließlich sagte sie: »Wenn es Gott gibt, dann ist der überall.«

Überall, nicht im Wolkensessel, nicht als Entschuldigung für ihre böse Hand, nicht nur dann, wenn es ihn unbedingt nach Ihm verlangte? Was konnte er mit so einer Auskunft anfangen? Gott sollte ein bestimmter Jemand sein, ein heimlicher Vater, wenigstens jemand wie ein Großvater in Amerika oder sonst wo. Wenn Gott wirklich nur überall ist, dann ist er, Jan, ja gar nicht wichtig für Ihn!

Jan streckte der Mutter die Zunge raus und rannte aus der Küche.

Wochenlang fragte er aufgebracht nach. Er bohrte, löcherte, wollte ein klares Ja auf die Fragen, ob Er unsichtbar mit am Tisch sitze, ob Er in der Lage sei, sich in einen Menschen zu verwandeln und mehrere Sprachen verstünde, nicht nur die eigene, wenn Er überall sei. Mutter hörte nicht auf mit ihrem Lächeln, doch geduldig blieb sie, sogar dann, wenn er sie eine Lügnerin nannte. Er versuchte, sie hereinzulegen, er rief: »Guck mal, hinter dir steht Er!«, oder: »Ich hab Ihn vorhin gesehen, Er hat mit mir gesprochen!« Sie ging auf seine Tricks ein, redete und erklärte. Jedes Wort klang nach Trost und Beschwichtigung. Dabei wäre es so einfach gewesen. Gott hat sich versteckt. Er ist irgendwo untergetaucht, hat sich eine Zeit lang unbegreifbar gemacht. So etwas kann Er nun mal. Mutter müsste Ihn mit einem klaren Satz wieder für ihn hervorholen. Mit weniger als einem Satz, nur mit dem richtigen Wort. Mit einer Handbewegung. Einem anderen Lächeln.

Mutters Antworten wiederholten sich. Jan verlor die Lust am Fragen. Sie waren überein gekommen, dass es Gott als Gestalt ebenso wenig gab wie Geister und Gespenster, dass kein bärtiger Allvater die Welt in sieben Tagen erschaffen hatte und die Geschicke der Menschen lenkte, dass man aber, wenn man es so wollte, Gott mit Natur oder Leben übersetzen konnte, mit der unaufhörlichen sichtbaren und unsichtbaren Bewegung in allem, was lebte, mit dem Wachsen und Blühen und Eingehen, und auch, aber sicher doch, mit dem eigenen kleinen Leben. Man könnte also Gott als etwas verstehen, das wie Luft oder Blutadern oder ein Gedanke in allem enthalten war, und wenn man es unbedingt brauchte, könnte man daran glauben.

So stand es mit Jan, seiner Mutter und Gott. Sie mochte ja aus ihrer Sicht nicht unrecht haben, er aber brauchte seinen eigenen Gott, damit er an Ihn denken konnte wie an jemanden, der auch an ihn dachte, damit er manches Unfassbare einfach annehmen und ohne jede Frage kapieren konnte. Nach diesen Gesprächen fühlte sich Jan verlassen, wenn er an Ihn dachte. Die Nebelwand zwischen ihm und den unaussprechbaren Fragen war immer dichter geworden.

Der Sommer zog sich hin. Die großen Ferien waren schon vergessen. Noch immer hing warme Luft in den Straßen, blieben die Tage lange hell. Jeden Tag die gleiche Menge von durstigen Leuten in der Gartenkneipe mitten in der Stadt.

Ginge es nach Jan und Bodo, müsste es regnen. Kalter Wind müsste die Blätter von den Bäumen reißen und auf der Straße vor sich her treiben. Die große Zentralheizung wäre schon lange ausgeschaltet. Da aber weder Jan noch Bodo nach ihren Wünschen gefragt wurden, blieb den beiden nichts übrig, als jeden Nachmittag in der Gartenkneipe weiter nach dem Rechten zu schauen. Ab und zu gelang es ihnen, einen Euro fünfundsiebzig für eine Cola zusammenzukratzen. Ein Teil des Taschengeldes ging ja schon für die Körner drauf.

Die Jungen setzten sich auf Gartenstühle an einen freien Tisch, stellten das Glas in die Mitte und tranken abwechselnd kleine Schlucke in großen Abständen. Entdeckten sie die Hühner auf dem Kies zwischen den Tischen, atmeten sie auf und grinsten, und doch zog sich ihnen das Herz zusammen. Sie schüttelten die Köpfe über all das, was die Leute hier den Hühnern andichteten, denn sie wussten es besser. Hühner sind überhaupt nicht zutraulich. Niedlich sind sie auch nicht. Hühner sind doch keine Hunde. Ein Huhn ist ein Huhn und von Natur aus scheu und zurückhaltend. Die hier wagten sich nur an die Leute ran, weil sie Hunger hatten. Schlafen mussten sie in einer Holzkiste hinter dem Toilettenhäuschen. Hühner brauchten ein ordentliches Zuhause. Mit Stangen zum Draufsitzen und mit einem Nest.

Jan und Bodo redeten wenig. Reden war auch gar nicht nötig. Wenn einer mal vom Boden aufblickte, wo er die unsteten Wege der beiden Hühner eifersüchtig verfolgte, sah er die gerunzelte Stirn des anderen. Das reichte.

Eines Nachmittags im September, kurz bevor es zu regnen anfing, nahm einer einen sehr großen Schluck. Mit Schwung stellte er das Glas auf den Tisch zurück. Cola schwappte ihm auf die Hand. Er wischte die Hand an der Hose ab, atmete tief ein und aus und noch mal tief ein, riss die Augen auf und starrte dem anderen in die Augen. Er kratzte sich mit der abgewischten Hand am Kinn und ließ die Hand auf den Tisch fallen und hielt den Mund eine Weile offen.

»Man müsste …«, flüsterte er.

Die Idee sprang wie ein Funke über den Tisch und setzte sich zwischen zwei Augenpaaren fest, die sich im Augenblick des großen Einverständnisses verengten. Der andere nickte.

»Ja, du, das müsste man, wirklich.«

Das war der Anfang, das unscharfe Flimmern aus der Ferne, das sich nach dem ersten, schüchternen Gedankenaustausch wie von selbst näherte, deutlich wurde, Form gewann und bald schon über die Gegenwart hinausreichte in eine geborgene Zukunft für zwei vernachlässigte Hühner.

Zum Gehweg der Hauptstraße war die Gartenkneipe durch einen Drahtzaun abgegrenzt. Nachts wurde ein Gitter vor den Eingang geschoben. Das hatte Bodo rausbekommen, der so lange aufbleiben durfte, wie er wollte. Jan musste spätestens um acht zu Hause sein.

Von woanders als von der Hauptstraßenseite war an die Hühner nicht heranzukommen. Links neben der Gartenkneipe stand ein Wohnhaus, rechts war ein Parkplatz. Von hinten ging es überhaupt nicht, da lag ein unbebautes, hoch eingezäuntes Grundstück. Bodo durfte lange aufbleiben, aber Jan konnte gut klettern.

Vom Hof eines Supermarktes hatten sie einen stabilen Pappkarton ergattert und ihn bei Bodo im Keller abgestellt. Wenn einer das Fahrrad schob und der andere währenddessen den Karton festhielt, müsste es mit dem Transport klappen. Wenn man den Karton vor dem Bauch hielt und die Armmuskeln anspannte, ließ er sich eine kürzere Strecke auch ohne Hilfe des Fahrrads transportieren. Das Fahrrad war wirklich nützlich. An den Zaun gelehnt konnte man es auch als Leiter benutzen. Jan würde auf die Stange steigen, von da aus über den Zaun in die Gartenkneipe springen und einen der Tische an den Zaun schieben. Dann würde er die Hühner fangen und sie in den Karton stellen. Ein leerer Karton ließ sich ohne Weiteres über den Zaun reichen, mit Inhalt würde es schwieriger werden. Zuerst müsste Jan von dem an den Zaun geschobenen Tisch aus den Karton mit den Hühnern auf den Zaun heben. Bodo würde ihn von der Fahrradstange aus entgegennehmen und so lange auf dem Zaun festhalten, bis Jan auf den Gehweg zurückgesprungen war. Dann konnte ihm Bodo den Karton herunterreichen.

Einfangen ließen sie sich bestimmt leicht. Zu den Leuten gingen sie ja nur aus Hunger, aber Jan und Bodo kannten sie. Denn wer brachte ihnen die guten Weizenkörner, wer gab ihnen frisches Wasser aus einer Tasse zu trinken?

Allmählich wurden die Tage spürbar kürzer. Immer seltener, weil es kühl geworden war und oft regnete, konnten die Leute ihr Bier unter den Kastanienbäumen trinken. Jan und Bodo grinsten einander zu. War aber auch höchste Zeit. Nachts froren die Hühner bestimmt schon in ihrer Kiste auf dem schmutzigen Stroh, über das die beiden hin und wieder eine Lage frisch gerupftes Gras gebreitet hatten.

Wie alles zum letzten Mal geschieht, gab es einen letzten Nachmittag, an dem Jan und Bodo ohne Cola in der fast menschenleeren Gartenkneipe saßen, den Hühnern verstohlen zuredeten und einander Blicke zuwarfen. Am nächsten Tag war das Gitter nachmittags vor den Eingang geschoben und rechts und links mit großen Sicherheitsschlössern verriegelt. Tische und Stühle waren fortgeräumt, ein paar wacklige Exemplare hatte man auf dem Kies stehen lassen.

Den Hühnern schien die veränderte Umgebung nichts auszumachen. Sie pickten und scharrten zwischen den Steinen herum, blickten hierhin und dorthin und gackerten sich was. Draußen am Zaun standen zwei Jungen, denen feierlich zumute war. Einer sagte: »Heute.« Der andere: »Klar heute. Nachher. Gleich.«

»Lieber etwas später, wenn's dunkler ist.«

»Wir müssen ja sowieso noch Fahrrad und Karton holen.«

»Was denn sonst.«

»Und deine Mutter hat bestimmt nichts dagegen?«

Jan sagte standhaft nein. Zum hundertsten Mal betäubte er alle seine Befürchtungen mit der Gewissheit, dass die Hühner es bei ihnen besser haben werden als bei irgendwelchen fremden Leuten, vor allem jetzt, wenn es immer kälter werden würde. Seine Mutter wird das nicht bestreiten können. Er war ja doch möglich, dass Gott überall zur gleichen Zeit anwesend war, und darum musste es Verständnis und Gerechtigkeit geben, wenn es wirklich darauf ankam.

»Nein«, sagte Jan und glaubte, was er sagte.

Er konnte den Pappkarton knapp umfassen.

Die Mutter sah seine Augen funkeln.

Das war was gewesen. Gerade, als sie ihr Vorhaben starteten, waren zwei Männer mit leeren Bierkästen auf dem Grundstück aufgetaucht. Hatten die eine Ruhe weg. Und er und Bodo wie auf heißen Kohlen. Mehr als eine halbe Stunde mussten sie wie Schafe am Zaun warten. Was für einen Krach

Hühner machten, wenn man sie fangen wollte! Überhaupt, wenn man was vorhatte, bekam die Straße Augen. Was ging das den alten Opa an? Den hatten sie aber gründlich abgehängt. Dass Leute immer gleich loskeifen und drohen. Wenn man nur mal ein Blatt Papier anzündet, rufen die gleich die Feuerwehr.

Geschäftig schob Jan sich und seine Ladung durch die geöffnete Tür an der Mutter vorbei. Bloß schnell ins Zimmer damit. Hoffentlich melden die sich nicht gerade jetzt. Sie hat ja keine Ahnung, was da drin ist. Sie weiß sowieso wenig. Natürlich muss sie immer so tun, als wüsste sie alles besser. Die Mütter behaupten alles Mögliche, bloß nicht das, worauf es ankommt.

Den Pappkarton konnte sie beim besten Willen nicht übersehen. Der Bengel kam ja fast jeden Tag mit Gerümpel in die Wohnung. Wurzeln, Steine, Knochen, Spiegelscherben. Sogar ein Gebiss musste er aufheben. Gestern die lange Holzstange. Sie fragt schon gar nicht mehr. Nun dieser Karton. Was ist da drin?

Sie brauchte nur streng zu werden. Sie beugte den Kopf vor. Eine heftige Bewegung, eine angehobene Stimme, schon war es heraus.

Sie richtete sich auf. Sah ihren Sohn so böse an, dass er die Augen niederschlug. Das Abenteuer, das samt den Hühnern im Karton steckte, der lange Sommer und alle Aufregungen, das interessierte sie nicht. Drohfalten ragten zwischen ihren Augen. Sie hob die Hand, stampfte mit dem Fuß auf und schrie:

»Raus! Und bring die Viecher dahin, wo du sie her hast!« Ihre Stimme überschlug sich.

Jan ergriff den schweren Pappkarton, den er vorsichtig abgestellt hatte, mit Mühe, und als er ihn fest umklammert hielt, sah er seine Mutter von unten herauf an. Gefasst, unterwürfig beinahe, trottete er mit den Hühnern und der Geschichte die Treppen hinunter. Als er auf dem letzten Treppenabsatz angelangt war, konnte er die Tränen nicht mehr aufhalten. Sie tropften auf den Karton. Die Hühner bewegten sich kaum. Sie frieren nicht, dachte Jan, er dachte an Bodo, was der nun von ihm denken würde, und er hasste seine Mutter. Ihr Blick hatte sich in ihn eingebohrt. Sie versteht mich nicht, diese gemeine Tierquälerin, ihr ist es egal! Ich werde die Hühner behalten und wenn sie erst Eier legen, wird sie es einsehen!

Er trug den Karton an der Treppe vorbei durch die Tür zum Hinterhof und stellte ihn in einer Ecke ab. Mit dem Ärmel wischte er die Augen trocken, dann löste er den Deckel. Sie standen ruhig, leicht geduckt. Seine Hände streichelten über das feste, kühle, fettige Gefieder. »Ihr braucht keine Angst zu haben«, sagte er leise, »jetzt ist es dunkel, wir werden schlafen. Morgen bringen wir euch alles, was ihr braucht.« Flüsternd wiederholte er: »Keine Angst haben, nein?«

Sie blieben ruhig und ließen sich streicheln. Er sagte ihnen Gute Nacht. An der Hoftür drehte er sich noch einmal um. Vielleicht gefiel es ihnen ja für die eine Nacht auf dem frischen Gras so nah beieinander.

Er drückte auf den Lichtschalter und ging schnell die Treppen hinauf. Es war genug Zeit vergangen. Mit leeren Händen, wachsam niedergehaltenem Zorn, ein wenig außer Puste erschien er vor der Mutter. Sie forschte in seinem Gesicht und entdeckte nichts Besonderes.

Gott sei Dank, dachte sie. Sie war müde und stellte keine Fragen. Heute nicht mehr. Morgen würde sie herausbekommen, wie das alles zusammenhing. Wenn er jetzt bloß nicht davon anfing. Bloß keine Tränen. Nein, jetzt bitte keine Auseinandersetzungen.

Beide aßen und schwiegen darüber hinweg.

Seine forschenden Blicke zur Mutter zog Jan zurück, sobald sie vom Teller aufsah. Sehr gerade saß er und kaute an seiner Stulle, blinzelte in die Lampe und bettelte in sich hinein: Bitte, lieber Gott, mach, dass es geht. Ich bitte dich, mach, dass sie nicht schimpft. Bitte, bitte, hilf uns, dass wir die beiden behalten dürfen. Sie sollen Susi und Leni heißen. Bodo und ich, wir werden ihnen morgen einen Stall bauen. Zwei Straßen weiter steht vor einem Haus ein alter Schrank. Den hat man da einfach abgestellt. Weggeschmissen. Sie brauchen auch eine Leiter, ich weiß. Bei uns werden sie es besser haben. Weißt du, lieber Gott, das ist doch seltsam. Da halten sich welche Hühner und kümmern sich dann nicht um sie. Das merkte man denen doch an. Jeden Tag taperten sie so verschreckt in dem Kneipengarten rum. Ist doch kein Leben, so was. Und wenn du dich nicht um sie kümmerst, lieber Gott, einer muss das tun. Ich mach dir keinen Vorwurf. Sie sind klein. Du hast sie bestimmt nicht gesehen.

»Hast du mir noch was zu sagen?«, unterbrach Mutters Stimme Jans Gedanken. Er landete wieder am Tisch, der Mutter gegenüber, deren Blicke zwischen seinen Augen hin und her wanderten.

»Nein. Wieso?«

»Ach, ich meinte nur. Du hast eben eine ganze Weile nicht gekaut, obwohl du den Mund voll hast.«

Er rang sich mit vollem Mund das Grinsen ab, das die Mutter so gern hatte. Sie langte mit der rechten Hand über den Tisch und streichelte ihm übers Haar.

»Du bist sicher auch müde«, sagte sie. Er nickte erleichtert.

Unter der Bettdecke, warm abgeschirmt gegen Lichtstreifen, war nun Jan mit seinem Gott allein. Was er Ihm sagen wollte, die Hühner und das Leben betreffend, verlief sich in ihm. Lieber Gott, fiel ihm gerade noch ein, lieber Gott, bitte, bitte, bis sich die gefalteten Hände voneinander lösten.

Als die Mutter am nächsten Morgen an Jans Bett kam, sah sie ihn mit geöffneten Augen.

»Nanu, bist ja schon wach!«

Jan hatte eine Weile ganz still gelegen und die Zimmerdecke angestarrt. Sein letzter Traum hatte ihn geweckt. Was er geträumt hatte, wusste er nicht mehr, doch beim Aufwachen fühlte er sich wie am Geburtstag. Er konnte aber nicht einfach so zum Wohnzimmerfenster oder in die Küche ans Fenster laufen. Sie sollte keinen Verdacht schöpfen. Er wollte ihr böses Gesicht nicht sehen. Heute Mittag würde sie sich bestimmt schon beruhigt haben. Ob sie noch lebten? Was für eine Frage. Gleich nach der Schule würde er mit Bodo den alten Schrank auf den Hof tragen. Am Nachmittag würden sie ihn umbauen. Eine große Öffnung in die Hinterwand sägen, die Scheiben rausnehmen und den Maschendraht einsetzen. Und was ganz wichtig war, die Bretter lösen und die Stange anbringen. Das war das Schwierigste. Mutter mag doch auch Tiere. Mit dem Hund, da hatte sie ja recht. Man sollte keinen Hund in einer Stadtwohnung halten. Einen Garten müsste man haben. Aber für die Hühner reichte der Hof. Die fanden überall was! Wenn sie jetzt jemanden hatten, der auch mal mit ihnen redete, würde ihnen das gut tun. Und jeden Tag mindestens ein Ei.

Das Weiß der Zimmerdecke begann sich zu bewegen. Jan sah Berge und Wolken und eine Schafherde und ein Dorf. Aus einer Tür trat der Hirte mit Schlapphut und Hirtenstab. Weiße Hühner überall. Ganz genau sah er den hackenden Hahn und eine Bäuerin mit Fahrrad und großem Korb. Jan starrte in das immer bewegtere Leben über sich, war schon selbst ein Teil davon, ein offenes Fenster, ein Baum, eine Wolke, da hörte er ihre Stimme. Ein zweites Mal wachte er auf, nicht von einem Traum, sondern von der Wirklichkeit in den Tag befördert, und die hieß: Zähneputzen, anziehen, frühstücken, Schule.

»Ich bin gerade erst aufgewacht.« Er rekelte sich.

»Guten Morgen, Träumer!« Sie küsste ihn auf die Wange.

Sie hat es noch nicht gemerkt, dachte er. Er legte seine Hände um ihren Hals und küsste sie auch. Beim Frühstück hielt er den Milchtopf mit beiden Händen umklammert und trank ohne abzusetzen Schluck für Schluck. Bis auf die Augen war sein Gesicht hinter dem Topf verborgen.

Zu hören waren sie nicht.

Mutter verstrich Erdbeermarmelade auf ihrem Brot. Jan konnte keinen Bissen essen. Er fühlte jedes einzelne Haar auf seinem Kopf. Mutter schaute ruhig und gemütlich auf ihr Brot. Ihm wurde warm im Bauch.

»Mutti?«

Sie sah aufmerksam auf, nahm ihr Brot und biss hinein.

»Mutti, ich habe ganz vergessen, es dir zu sagen.«

Sie hörte auf zu kauen, reckte den Kopf vor, ihre Augen sahen aus, als wollte sie sich gleich auf ihn stürzen. Jan setzte den Milchtopf ab und seufzte.

»Ich hab gestern eine Drei im Diktat geschrieben.«

Sie legte das Brot auf den Teller zurück, lehnte sich an und schluckte und lächelte. »Das ist ja prima!« Sie lachte. »Vielleicht wird es jetzt besser! Wir werden weiter üben, ja?«

Sie ging um den Tisch herum und wollte ihn an sich drücken.

Als täte es ihr leid, so sah sie auf einmal aus. Als wollte sie alles gutmachen.

Jan drehte den Kopf zur Seite, dann schob er den Stuhl von sich, holte die Schulmappe und steckte sein Schulbrot ein. Sie ging ihm bis zur Tür nach, winkte ihm hinterher. Er sah es nicht. Es war erst fünf nach halb acht.

Die Mutter lauschte Jans Tritten auf den Treppenstufen.

Eine Drei im Diktat. Besser als eine Fünf und besser als eine Vier. Sie räumte den Tisch ab. Eine Weile hielt sie seinen Milchtopf in der Hand, gelbe Blume auf blauem Untergrund. Schweigsam, dachte sie, ist er in der letzten Zeit.

Sie ging ins Wohnzimmer und wusste nicht mehr, was sie dort gewollt hatte. Die Fenster des Hauses gegenüber reflektierten die Morgensonne. Ungewohnt hell war es. Tisch und Stühle und die beiden Fensterkreuze warfen Schatten auf den Boden. Der Himmel über dem Nachbarhaus war blau. Die Helligkeit kam ihr wie ausgeliehen vor.

Sein Gesicht gestern Abend wollte ihr nicht aus dem Kopf. Wie es von unten zu ihr aufgeschaut hatte, das Kinn auf die Brust gedrückt. Ein Fragen war in seinen Augen, aber da war noch etwas anderes, es hatte sie sprachlos gemacht. Sie erschrak vor ihrem plötzlichen Herzklopfen und legte eine Hand auf die

Brust. Sie hastete in die Küche zurück. Dort fiel ihr ein, dass sie eine CD auflegen wollte. Seit Tagen hatte sie sich auf ihren freien Tag gefreut. Sie sah, dass sie den Tisch bereits abgeräumt hatte. Um irgendetwas zu tun, ging sie ein paar Schritte aufs Fenster zu. Im Haus gegenüber lehnte sich eine schwarzhaarige Frau in die Sonne und lachte.

Die Mutter wandte sich um und starrte ihren Schatten an. Hastig ging sie auf und ab, vom Fenster zur Tür und wieder zurück zwischen Tisch und Küchenschrank. Ein Brennen stieg ihr ins Gesicht. Sie schüttelte den Kopf, fasste sich an die Stirn, es gelang ihr nicht, die Verspannung wegzureiben. Eine Drei im Diktat, das war es. Aber was daran war es? Das Herz hüpfte ihr im Hals, sie nahm seinen Becher aus der Spüle, ließ Wasser hineinlaufen und trank ein paar Schlucke. Sie putzte sich die Nase, strich den Morgenmantel glatt. Eine Drei im Diktat. Nicht einmal heulen konnte sie, aber lachen auch nicht. Frische Luft, fiel ihr ein, tief ein- und ausatmen. Energisch öffnete sie das Küchenfenster, warf den Kopf in den Nacken und atmete die Morgenluft ein. Die schwarzhaarige Frau sah ihr zu.

Da hörte sie etwas. Sie sah in die Richtung des Geräusches und zuckte zusammen.

Auf dem harten, trockenen Boden des Hinterhofes, vor den Mülltonnen, spazierten sie. Sie ruckten die Hälse vor und behielten ein Bein sekundenlang mit hängenden Krallen angezogen, bevor sie sich zum nächsten Schritt entschlossen. Beiläufig scharrten sie auf dem Grund herum und guckten dabei in die Luft, als ob es ihr Hühnerhirn nichts anging, dass der Magen Futter brauchte. Der Hof gehörte ihnen. Sie gackerten leise und behaglich.

Die Mutter wandte dem offenen Fenster den Rücken zu, eine Hand erschrocken vor den Mund gepresst. In diesem Moment machte sie die Erfahrung, dass riesige Wut und ein ebenso riesiges Glücksgefühl sich nicht ausschließen. Laut dachte sie: »Du lieber Gott, was soll ich nur machen mit so einem Dickschädel? Hast du nicht einen Tipp für mich? Hühner! Lass dir doch mal was einfallen, Herrgott noch mal!«

Und es war, als redete sie mit den Kochtöpfen.

Das erste Mal

»Hier wohne ich.«

Sie blieb vor einer Tür stehen. Toni war hinter ihr die Treppen hochgestiegen und hatte die Stufen gezählt. Immer neun zu einem Treppenabsatz mit Fenster, von da zehn Stufen zu einem mit Türen. Drei Türen, immer eine rechts, eine in der Mitte, eine links, alle sahen gleich aus. Er hatte solche Mietshäuser bisher nur von außen gesehen. Im zweiten Stock hatte sie sich, während sie auf den Lichtschalter drückte, einmal kurz nach ihm umgesehen, hatte auch gelächelt; da hätte er sie nach ihrem Namen fragen können. Sie war dort stehen geblieben und hatte in ihrem roten Lederbeutel herumgesucht, wahrscheinlich nach dem Schlüssel.

Toni hatte sich nicht getraut zu fragen oder etwas zu sagen. Sie hätte sich bestimmt gestört gefühlt, mitten in der Nacht in dem viel zu stillen Treppenhaus, hinter dessen Türen alles schlief. Sie hatte das Gesuchte nicht gefunden, irgendwas gemurmelt und war dann weitergestiegen. Er hatte wieder die Stufen gezählt und dabei verschämt die Bewegungen der Hinterbacken vor seinen Augen beobachtet. In seinen Händen, selbst zwischen seinen leicht auseinandergehaltenen Fingern, war noch das Gefühl der Zartheit ihrer Schultern.

Toni stand auf der sechsundsiebzigsten Stufe, als sie vor der Tür auf der rechten Seite stehen blieb, wieder auf den Lichtschalter drückte und sagte, dass sie hier wohne. Sie sagte es zu der Tür, hinter der auf einmal Geschrei zu hören war, und kramte wieder in dem Beutel.

Paula, dachte Toni. Für einen Moment sah er das weit aufgerissene Maul seiner Katze, die schon lange tot war. Die Katze hinter der Tür war lebendig, sie miaute, weil sie sich freute. Katzen sind nicht gern allein. Paula ist mit offenem Maul gestorben. Ausgerechnet jetzt musste er daran denken.

Toni runzelte die Stirn. Er machte schon den Mund auf, um seine Bedrängnis mit der Frage nach dem Namen des Mädchens zu verscheuchen, aber dann schüttelte er den Kopf. Er knirschte leise mit den Zähnen und versuchte, sich zu erinnern, ob er überhaupt schon einen ganzen Satz zu ihr gesagt hatte. Sie drehte sich um, sah ihn kurz an und raschelte weiter in ihrem Beutel herum.

Wahrscheinlich hatte er immer nur ja oder nein gesagt, vor allem ja, zu ihren Bewegungen beim Tanzen und als sie sich später an ihn geschmiegt hatte. Noch nie hatte ein Mädchen ihn so berührt, beim Tanzen und überhaupt.

Hätte er mehr gesagt, dann hätte sie bestimmt von ihm Abstand genommen. Er brachte ja nicht mal drei Wörter hintereinander glatt über die Lippen. Sich jetzt bloß nicht blamieren und losstottern.

Hoffentlich hat sie den Schlüssel nicht verloren, dachte Toni und hörte auf einmal ihre Stimme.

»Immer dieses blöde Vieh.«

Eben hatte ihre Stimme noch so sanft geklungen. Etwas wie Stolz hatte er herausgehört. Hier wohne ich. Vielleicht bildete er sich das auch nur ein, weil sie es weitergebracht hatte als er. Er wohnte noch bei seinen Eltern. Sie drehte sich zu ihm um, zeigte ihm den Schlüssel und lächelte ihn wieder an. Er kam sich wie ein Idiot vor, wie eine weiche, stumpfe Masse. Und wie ein Klotz mit scharfen Kanten drückte in ihm das Verlangen, sich zu vergessen, alles zu vergessen, sich unsichtbar zu machen. Er presste die Lippen zusammen. Hände, Gesicht, Hals, selbst seine Haare kamen ihm geschwollen vor.

Winzig klein saß die Katze im Flur. Toni hockte sich neben das Tier und streichelte es schon, als das Mädchen noch mit dem Abschließen der Tür beschäftigt war. Noch nie war er mit einem Mädchen mitgegangen. Die Wohnung war abgeschlossen und er saß hier verklemmt auf einem fremden Fußboden und kümmerte sich um eine Katze, statt etwas zu tun.

Das Mädchen war ganz locker, ohne ihm auch nur den kleinsten Wink zu geben, in ihr Zimmer gegangen und hatte Licht gemacht. Als die Wärme des Katzenbauches ihm durch die Finger strömte und er wie besessen in dem weichen Fell herumkraulte, spürte er tausend Stacheln in seiner Kehle. Er schluckte gegen das Pieken an, er durfte jetzt nicht husten. Das trockene Geräusch vom Aufziehen eines Reißverschlusses erschreckte ihn.

Seine Finger gingen noch wohlig durch das Fell

der schnurrenden Katze, als er aufsah und im Licht-schein vom Zimmer her den wulstigen Lippen Mick Jaggers an der Flurwand begegnete.

Als er aufwachte, hielt er die Augen, deren Lider sich sträubten und zitterten, eine Weile geschlossen, um nachzusehen, wie es in ihm aussah. Es sah eigentlich ziemlich aufgeräumt aus. Kein Zweifel, keine Frage, kein Drücken wegen irgendwelcher hinterhältigen Drohungen. Dafür war ein Geruch in ihm, der die ganze Ordnung heiter über dem Boden schweben ließ. So kam es ihm jedenfalls vor. Es roch nicht nach Rosen oder Jasmin, auch nicht nach Seife oder Urin oder nasser Erde, und doch hatte dieser Geruch von allem etwas.

Toni öffnete die Augen. Sein klarer Kopf lag neben dem Kopf einer Frau, die Karin hieß, auf einem Kissen, das nicht sein Kissen war. Von der Frau und dem Kissen kam der Geruch in ihm und um ihn herum, der vorher nicht war. Noch nie hatte er so etwas gerochen. Vielleicht hatte er seine Nase überhaupt noch nie in seinem Leben bewusst ein-gesetzt, um etwas über sich selbst herauszufinden, etwas, das ihn ausfüllte, ohne dass er es gleich formu-lieren konnte. Er lächelte nachsichtig. Mit der Frau neben ihm, mit Karin, hatte er endlich das gemacht, worum sich fast alles dreht. Diese zarten, nackten Schultern hatte er gestreichelt und in die Öffnung zwischen ihren Beinen hatte er hineingepasst, ganz und gar.

Zögernd drehte Toni seinen Kopf zu dem Gesicht neben ihm. Friedlich sah es aus, die Wangen rosig, der Mund, den er geküsst hatte, ein Kleinmädchenmund. Die Oberlippe stand ein bisschen vor, ein Mund für schnippische Antworten, mit Lippen, die ganz weich und nachgiebig wurden, wenn sie sich auf ihn drückten.

Toni unterdrückte einen stolzen Seufzer. Damit sie nicht aufwachte von seinem Starren, wandte er vorsichtig den Kopf in die andere Richtung und sah ins Zimmer. Papiere und Bücher, genau wie heute Nacht, wie vorher, wie damals, auf dem Tisch vor der Matratze. Hinter hellen Vorhängen die Ahnung von trübem Tageslicht. Ein Bücherregal, Schienen an der Wand, Bretter auf Halterungen. Lauter Krimskrams vor und zwischen den Büchern, kleine Vasen, Steine, Flaschen. Sein eigenes Bücherregal war massiv Kiefer vom Boden bis zur Decke, zwei Meter breit, anwuchsbereit. Alles von seinem Vater bezahlt. Der Vater, ein Koloss, und die Mutter wie dessen Schatten, so schwebten sie auf einmal mit in dem Geruch über dem Boden.

Toni vermisste es beinahe, das schlechte Gewissen vor seinem Vater, und weil es sich nicht einstellte, fühlte er sich wie verlassen.

Er schloss die Augen und versuchte sich zu erinnern, wie es gewesen war und was es eigentlich gewesen war. Dabei kam ihm die Frage in die Quere, ob sie es gemerkt hatte. In kein Handtuch, kein Papiertaschentuch, nicht auf seine Schenkel, nicht in die Toilette gespritzt. In den Schoß einer Frau, einer richtigen, die er angefasst hatte und noch immer anfassen konnte.

Toni lag still und spürte ein Gewicht auf seinen Füßen. Die Katze. Er hätte sich jetzt gern umgedreht und seinen Arm um die Haut der Frau und alles, was die Haut umspannte, geschlungen und sein Glied zwischen ihre Pobacken gelegt. Niemand hatte ihm vorher gesagt, dass ein Schoß gestreichelt werden will. Waren diese warmen und nassen Lippen zwischen ihren Beinen etwas anderes als die Frau? War dieser Mund genauso unberechenbar wie das, was er selbst zwischen den Schenkeln hatte, dieses Ding, das steif wurde, auch wenn er an ganz andere Sachen dachte? Aber sie war es doch gewesen, die ganze Frau, die geseufzt, deren Hand ihn gestreichelt und die sich ihm so entgegenbewegt hatte, dass alles gar nicht schwierig gewesen war. Und er, war er es wirklich selber gewesen? Wie von selbst war es gegangen. Er hätte ja auch niemanden fragen können. Auch nicht Karin. Sie erst recht nicht. Natur fragt nicht. Wo hatte er das doch gelesen?

Heimlich drängte seine rechte Hand unter die Decke über die Haut seines Bauches, seiner Flanke zu seinem Glied, das schon wieder in den Schoß hineinwollte. Die Frau bewegte sich. Er spürte die warme Haut ihrer Beine an seinen Beinen. Sie rekelte sich, drehte sich zu ihm um. Toni sah die Lippen, die jetzt halb offen waren und ihn mehr ansahen als die verschlafenen Augen. Er war nicht sicher, ob sie lächelten.

Die Katze machte einen Satz vom Bett, lief ein paar Schritte, streckte die Vorderpfoten weit von sich, hob ihr Hinterteil zum Buckel, kehrte dann zurück und rieb sich an der Matratze. Das Zimmer war auf einmal furchtbar hell.

Natürlich hatte Toni gleich ganz früh am nächsten Morgen gehen wollen, damit er es noch zur Schule schaffte. Idiotisch, ein Fest an einem Donnerstag zu feiern. Frank, ein Typ aus der Parallelklasse, sein einziger wirklich interessanter Gegner beim Schach, war auf die Idee gekommen, ihn mitzunehmen zu dieser Geburtstagsfete irgendeines Freundes in Kreuzberg, und Toni war gern mitgekommen. Er wusste, auf dem Fest kannte ihn außer Frank niemand, und vor niemand kann man sich nicht blamieren. Er hatte sogar niemandem imponiert, als er mit diesem hübschen Mädchen tanzte. Frank war auf einmal verschwunden. Als Toni es merkte, war es schon zu spät für die letzte U-Bahn.

Zusammen noch einen Tee trinken in aller Frühe und sich dann verabreden, so machte man das doch, oder? Aber als er aufwachte in dem wunderbaren Geruch, dicht bei dem schlafwarmen Frauenkörper, da war es schon wieder zu spät. Toni blieb liegen und beobachtete sich in seiner Gleichgültigkeit gegenüber allem, was sonst sein Leben ausmachte. Vielleicht war es ihm nicht wirklich gleichgültig, aber weit weggerückt von seinem Kopf und im Augenblick unwichtig. Im Augenblick war sein ganzes Leben nicht mehr als das Liegenbleiben bei einer Frau. Aber auch nicht weniger. Er blieb bei Karin im Bett, drei Nächte und gut zweieinhalb Tage lang. Sie tat nichts, um ihn loszuwerden, und sie tat nichts, um ihn zu halten, wenn er absah von ihren Monologen über ihr Leben, ihr Studium, ihre Schwarzarbeit und über die Typen, die ihr das Leben schwermachten. Er brauchte nur zuzuhören, weniger, er brauchte nur so zu tun, als ob er ihr zuhörte, dann konnte er sich ihrer immer wieder wild aufflammenden Umarmungen gewiss sein.

Schon am Freitagnachmittag war Toni zumute, als ob er sich auf einer immer fremder werdenden Unterlage herumdrückte. Auch den Geruch, der von Karins und seiner Haut ausströmte und in das Laken, die Bettdecke und die Luft im Zimmer einging, beachtete er kaum mehr. Er lag auf dem Rücken, eine Hand unterm Kopf, die andere auf Karins Bauch, und grübelte. Er horchte in sich hinein, ob er nicht doch wieder sein schlechtes Gewissen verspürte, jenen vagen Druck, der ihn oft ohne Grund beschlich und ihn vom Lesen, Schreiben oder Nachdenken ablenkte. Nein, diese Art von Unbehagen war es nicht. Er hatte das Gefühl, dass er sich vor irgendetwas drückte. Aber wovor?

Das Laken, wulstig zwischen ihm und Karin zusammengeknautscht, nahm mehr und mehr die Gestalt des Vaters an. Der hatte schon mit zwölf Jahren angefangen, wenn man seinen Prahlereien glauben konnte. Onanieren, das wäre bei dem nie in

Frage gekommen. Schulterklopfend würde er seinen Sohn in die Reihe der Eingeweihten aufnehmen, am späten Nachmittag nach dieser ersten Nacht.

Überdeutlich malte sich Toni die Stimme, das Lachen und das einverständliche Zwinkern des Vaters aus und schon im Voraus war es ihm peinlich. Er wusste zu genau, dass er, so großartig er sich jetzt noch fühlen mochte, vor seinem Vater wieder schrumpfen würde. Im Arbeitszimmer des Herrn Chefarzt sah er sich stehen, zwischen Schreibtisch und schwarzer Ledercouch. Über und über rot unter den derben Blicken des Vaters. Und dazu die scheu beschwörenden Seitenblicke der Mutter, die alles noch schlimmer machten. In der Nacht dann das Gequatsche der Eltern über ihr einziges Kind und dass das Kind nun endlich ein Mann sei. Vielmehr das laute, selbstgefällige Reden des Vaters, der die Zustimmung der Mutter ohne die leiseste Zwischenfrage voraussetzte, im Dunkeln, im Ehebett.

Toni konnte nicht anders, nachdem der Zauber, das neugierige Prickeln von den Ohren bis zum kleinen Zeh, das ihn in der ersten Nacht und noch den halben nächsten Tag besessen hatte, verflogen waren; er konnte nicht anders, er griff und griff nach Karin, verletzte sie mitten in ihrem Reden, das ihn nicht interessierte, mit seinen Küssen, er antwortete auf die Überheblichkeit des Vaters in ihren Schoß hinein, der sich nicht wehrte, mit wachsendem Zorn. Der Vater betrog die Mutter. Beweisen konnte Toni das nicht. Toni sah Karin mit den Augen des Vaters an. Sah sie an mit den Blicken des gut aussehenden, selbstsicheren Mannes. So oft hatte Toni diese Blicke aufgeschnappt, wenn sie zum Beispiel im KaDeWe einkauften, oder sogar im Beisein der Mutter, beim Spazierengehen. Der Vater schätzte einen ganz bestimmten Typ von Frauen. Karin hätte bestimmt nicht dazugehört. Trotzdem übte Toni die Blicke seines Vaters an ihr; er rückte seinen Kopf auf diese eigentümliche Weise vor, das ging auch im Liegen. Und dann schätzte er sie ab, verzog den Mund zu einem Lächeln, die nackte Gier hinter den zusammengepressten Zähnen. Und sie, tatsächlich, sie ging auf diese Blicke ein, genau wie jene nicht mehr ganz jungen Frauen. Ihre Augen verengten sich unmerklich, ihr vorgetäuschtes Lächeln ging an ihm vorbei; es ging vorbei, weil es ja doch nur um das eine ging.

Ab und zu, kaum wissend, ob Tag oder Nacht war, machten sie von irgendwelchen Resten Essen. Reis mit Zwiebeln. Spaghetti mit Margarine. Und Karin fiel immer noch was ein zu reden. Toni sagte kaum etwas.

Am Sonnabend, als es schon wieder dunkel war und Toni das Gefühl hatte, der Vater sei nicht mehr so wichtig, da hätte er gehen können. Noch einen Tee trinken, sich verabreden und gehen. Aber er blieb. Er musste noch etwas anderes herausbekommen. Immer inbrünstiger hoffte er, dass es nur Zufall war, dass es sich änderte. Er war sogar bereit, seine ganze Zufallstheorie, über die er sich lang und breit in einem seiner Tagebücher ausgelassen hatte und nach der jeder Zufall, kurz gesagt, eine blind gezielte Absicht war – diese ganze Theorie über den Haufen zu werfen und wieder daran zu glauben, dass es Dinge gibt, die ohne tieferen Sinn geschehen.

Dass die Katze nicht mal einen Namen hatte, konnte zum Beispiel ohne Weiteres so ein Zufall sein. Karin hatte eben noch keinen Namen gefunden. Bei Gelegenheit würde er nachdenken und ihr Vorschläge machen. Er dachte ohnehin schon nach. Franz zum Beispiel. Die Katze ähnelte seinem großen Freund. Sie war sanft, sie war freundlich und in ihrer permanenten Nachdenklichkeit ganz bei sich. Sie könnte aber auch Felice heißen wie Kafkas erste Verlobte. Von Weitem nämlich, solange er nur an sie zu denken, ihr nur zu schreiben brauchte, war Felice gut. Auch die Katze schien irgendwie wichtig zu sein für Karin. Und doch war sie unerbeten, sobald sie nur ankam. Wie Felice. Genau, das war es: Die Katze war im Grunde nicht erwünscht. Es war doch kein Zufall, dass Karin jedes Mal, ohne eine einzige Ausnahme jedes Mal so ein fremdes Gesicht bekam, wenn sich die Katze ihr nur auf einen Meter näherte? Sie wollte doch nur am Fußende liegen, wollte dabei sein, wie Katzen nun mal sind. Und er, um sich zu retten und um Karin vor den Verdächtigungen zu bewahren, die sich ihm ins Herz schlichen, er war froh, wenn sie die Augen über ihrem bösen Ausdruck schloss und er die Ahnung, dass sie die Katze im Grunde hasste, wegküssen konnte. Schließlich blieb er nur noch, um herauszubekommen, ob Karin das Tier ein einziges Mal ganz normal anschaute, locker sozusagen oder seinetwegen auch nur so, wie man einen Teller ansieht, ein Ding. Sie brauchte ja nicht vor Liebe überzuschäumen, das erwartete er nicht; aber sie richtete nie ein Wort an die Katze. Über die Katze redete sie. »Scheißvieh«, sagte sie. Und brachte es fertig, ihn zart zu streicheln, so zärtlich, dass er immer wieder darauf hereinfiel. Dafür redete er mit der Katze, wenn Karin mal aus dem Zimmer war. Karin war sich selbst genug mit ihren Sozialproblemen, die Katze aber brauchte Ansprache dringend. »Arme Kleine«, sagte er zu ihr, »verstehst du die Welt?« und ähnliche tiefsinnige Sachen. Eine Katze, die zuhörte. Sie saß da, die Vorderpfoten dicht nebeneinandergestellt, ein braves Kind mit geputzten schwarzen Schuhen. Sie sah zu ihm hoch, bewegte die Ohren. Sie verstand ihn. Er gab ihr heimlich Essensreste, denn Karin schüttete ihr nur langweiliges Trockenfutter hin, von dem sie bloß Durst bekam. Zwiebeln mochte die Katze nicht. Aber ihn hatte sie offenbar gern.

Toni war erleichtert, dass Karin nicht mit ihm diskutieren wollte wie die meisten Mädchen. Es war schon komisch, dass manche Mädchen unbedingt mit ihm reden wollten, obwohl er so lange brauchte, um seine Gedanken auszudrücken. Aber wenn sie Liebe gemacht hatten, wurden sie offenbar anders, dann fiel ihnen wohl selbst jede Menge zu erzählen ein. Die Mädchen in der Schule legten eben Wert auf seine Meinung. Karin wollte etwas anderes von ihm und dafür war er ihr trotz allem dankbar.

Am Sonntagvormittag, kurz nach dem Aufwachen, weinte Karin. Weinte unvermittelt los in seinen Armen. Streicheln, das war bestimmt das Beste. Er streichelte sie und sie drückte ihren Kopf fest in seine Armbeuge. Die Tränen rannen ihm in die Achselhöhlen und kitzelten. Die Katze saß die ganze Zeit auf dem Flokati und blickte zu ihnen hin. So klein sie war, sie bekam alles mit. Karins Haar war weich, weich auch die Haut auf ihrem Rücken, nachgiebig und ergeben unter seiner Hand. Er fragte nicht und sie sagte nichts, weinte nur. Und er musste, während er sie streichelte, an einen Schulaufsatz in der Grundschule denken, nur an das Thema: Mein schönstes Erlebnis.

Sie hörte ebenso plötzlich auf mit dem Weinen, wie sie angefangen hatte. Danach schmeckte ihm alles versalzen, ihre Lippen, ihr Hals, seine Finger und der wässrige Reis, den sie zum Frühstück aßen.

Solange Karin neben ihm lag und er nur ihren Namen zu denken brauchte, war alles still, gleichsam gut. Und doch war dahinter die Unruhe, die ihm nach und nach das ganze Abenteuer verdarb. Die Katze hatte offenbar etwas in ihrem Wesen, das Karin nicht besaß. Etwas, das größer, das schöner war als Karin. Und Karin spürte es. Das war es, genau: Karin fühlte sich unvollkommen vor der Katze.

Am Sonntagnachmittag machte Toni sich mit der Telefonnummer davon. Sie hatten keinen Tee getrunken. Die Katze wollte mit. Als Toni die Tür zuschlug, sah er gerade noch, wie Karin das Tier mit dem Fuß in die Diele zurückstieß.

Susanne ist die Schönste

Er hielt die Augen geschlossen. So was hatte er auch in Wirklichkeit schon mal gesehen. Aber da nannte man das nicht Tür. Im Traum war es für ihn eine Tür, keine Wand und auch kein Kinovorhang, was sich vor seinen Augen nach oben schob. Dahinter war es sehr hell. In ihm war noch immer diese Helligkeit. Er gähnte den Schlaf von sich weg und drehte sich auf die Seite. Mutters Kopf erschien im Türspalt.

»Nanu! Mein großer Penner schon wach! Guten Morgen!«

Mit dem rechten Bein zuerst stand er auf, ging zum Fenster und zog den Vorhang zur Seite. Nun war er wirklich wach.

Mutter goss ihm Milch ein. Schaute ihn an, ohne zu fragen. Das tat sie sonst nie, ihm eingießen und dabei kein Wort sagen. Oder war es ihm bisher noch nicht aufgefallen? In ihrem Gesicht spiegelte sich die Milch. Tom trank einen Schluck, bestrich eine Stulle mit Butter und Erdbeermarmelade. Während er abbiss und kaute, machte er sich seine beiden Schulbrote fertig, eins mit Leberwurst, eins mit Löcherkäse. Mutter las in der Illustrierten, die neben ihrem Kaffeebecher lag. Wetten könnte er, dass sie sich nichts von dem merkte, was sie mit den Augen überflog. Wie er, wenn er im Geschichtsbuch las.

Sie sah auf, wollte wissen, ob es heute was Besonderes gebe.

»Nee. Mathearbeit ist erst morgen.«

Im Aufstehen sagte sie: »Ich komm heute später, gehe nach der Arbeit zum Friseur.«

»Wieder orange?«, erkundigte sich Tom, der Form halber, wie jedes Mal, wenn sie sagte, sie wolle zum Friseur. Und sie drohte lächelnd mit dem Finger: »Schlingel, dir werd ich …«, dann strich sie über seine Stachelbürste: »Keine Angst, Sohn, nur schneiden.«

Tom schüttelte sich und strich sich in entgegengesetzter Richtung übers Haar. »Aber nicht wieder so kurz«, rief er ihr nach, damit er das letzte Wort behielt. Er hörte sie lachen und ihren Mantel rascheln.

»Mach's gut!« Die Tür schlug zu.

Es war kurz vor halb acht. Er wickelte die Brote ein und legte sie in die Schulmappe. Gestern Abend hatte er ein bestimmtes Fach im Wohnzimmerschrank untersucht. Jetzt brauchte er den Schrank nur zu öffnen und zuzugreifen. Den kleinen Messingleuchter benutzte sie nie, nicht zu Weihnachten, nicht am Sonntag, nicht mal, wenn ihr Theo sie besuchen kam. Außerdem hätte sie sowieso nichts dagegen gehabt. Aber er musste es heimlich tun, weil sie sonst gefragt hätte und er keine Lust hatte, diese Fragen zu beantworten und dann den Ausdruck in ihrem Gesicht zu sehen. Es ging weder sie noch sonst jemanden etwas an, wem er den Leuchter schenken wollte, und warum.

In der Lade im Küchenschrank waren die Kerzen. Er griff nach einer roten. Rot ist die Liebe, fiel ihm ein. Der Kopf wurde ihm heiß, innen und außen. Er ließ die rote Kerze fallen und nahm eine grüne. Grün ist die Hoffnung. Den Leuchter und die grüne Kerze steckte er ins Außenfach der Schulmappe.

In der Nähe der Eingangstür warteten sie aufs Klingeln. Tom blieb stehen, klemmte seine Schulmappe zwischen die Füße, sah sich um und spuckte aus. Susannes Haare flatterten. Sie war wieder umringt. Jeden Tag das gleiche Theater. Alle liebten Susanne. Sie war die Schönste. Sah ein bisschen aus wie im Film, okay. Lachte Susanne, lachten alle. Redeten ihr nach dem Mund. Würden am liebsten reinkriechen in sie.

Susanne sollte ihn hier stehen sehen. Sie sollte mitkriegen, dass er kein Hammel war, denn er hatte seinen eigenen Willen. Trotzdem war da die Schnur im Bauch, die ihn ausgerechnet jetzt, als ihm Tanja einen schüchternen Blick zuwarf, zu Susanne ziehen wollte.

Er bog die Mundwinkel nach unten und spuckte erneut aus.

Tanja sah schon wieder zu ihm. Er kratzte sich am Hinterkopf. Er senkte den Kopf und grinste sich selbst Mut zu. Tanja stand in der Nähe von Susanne, kehrte ihr aber den Rücken zu. Sie war kleiner als Susanne, nicht so dünn und nicht annähernd so super angezogen. Kurze Haare hatte sie, und nicht mal blonde. Beim Bocksprung schaffte sie es nie. Nahm Anlauf und stoppte sich kurz vorm Sprung und verzog den Mund. Und wenn sie lachte, dann lachte niemand mit.

Tom bemerkte ein Schimmern in ihrem Gesicht. Die könnte auch mal zum Friseur, schneiden. Er sah weg und schluckte und leckte sich grimmig über die Lippen. Er hob seine Schulmappe an und betastete die Außentasche. Jemand tippte ihm auf den Rücken, Alexander aus der Acht a wollte wissen, ob er wüsste, wo sie den »Glöckner von Notre Dame« spielen.

»Frag 'n anderen«, ranzte Tom.

Sein Platz war ganz hinten, er hatte sie alle gut im Blick. Er verkniff es sich, zu Tanja hinzusehen, die drei Tische vor ihm saß, aber er hörte ihre Stimme jetzt deutlicher als Susannes herausforderndes Lachen und das unterwürfige Lachen der anderen, lauter hörte er Tanja als sein eigenes Herz.

»Um vier«, sagte sie, »hab ich doch gesagt. Komm pünktlich. Es gibt Eis.« Sie hatte es nicht zu ihm gesagt.

Tom atmete tief aus. Mein Nachbar fehlt schon lange, fiel ihm ein, als er seine Schulmappe neben den Tisch stellte. Den müsste ich mal im Krankenhaus besuchen, den Helmut, dachte er und schob den Verschluss auf. In seinen Fingern war ein Gefühl von Helligkeit, im Hals war es dunkel und trocken. Es klingelte, Frau Schur betrat die Klasse und schritt zum Lehrertisch, sie grüßte, sie öffnete den Mund, um ihre Anweisungen zu geben, da hob Tom schnell, ehe er es sich anders überlegte, den Arm.

»Ja, Tom?«

Tom stand auf. »Ich wollte nur«, sagte er. Mehr brachte er nicht raus. Alle drehten sich zu ihm um, sie verschlangen ihn mit den Augen, auch Susanne mit ihren hübschen, runden.

»Ja, und was wolltest du, Tom?«

Er bückte sich und griff in die Seitentasche. Er berührte den kühlen kleinen Kerzenleuchter und die Kerze und hatte das Gefühl, beides würde in seiner Hand schmelzen. Als er wieder aufrecht stand, hörte er Flüstern und Kichern.

»Jemand hat heute Geburtstag«, sagte er laut und er hob die Hand mit dem Leuchter und der Kerze vor sein Gesicht, als müsste er sich schützen. Tom durchschritt das Klassenzimmer und blieb neben Tanja stehen. Er stellte den feucht gewordenen Leuchter auf ihren Tisch vor ihre Nase und drückte die grüne Kerze in die Öffnung.

Tanja wich zurück, bis an die Stuhllehne. Mit einem Blick, schnell wie eine Fliege, hatte er ihr dunkelrotes Gesicht mitgekriegt. Was Helles darin.

Streichhölzer hatte er vergessen. Er musste sich jetzt zu seiner Lehrerin umdrehen. Die hatte auch was Helles im Gesicht, tatsächlich. Sie kramte in ihrer Handtasche. Zog ein kleines, glänzendes Feuerzeug heraus, umschloss es mit der Hand, hob die Hand zum Werfen.

»Fang!«, rief Frau Schur.

Die Vorbereitung

Harri steht vom Schreibtisch auf. Er greift sein leeres Wasserglas und geht aus dem Zimmer. Im Flur bleibt er aus reiner Gewohnheit an der geöffneten Schlafzimmertür stehen. Das Bett ist zu groß, stellt er zum hundertsten Mal fest. Es ist zu breit für einen allein. Karin, mit der er es mehr als acht Jahre geteilt hatte, und nicht nur das Bett, durchaus auch den Esstisch im Wohnzimmer, das Sofa vor dem Fernseher, den Inhalt des Kühlschranks, seine Gedanken, fast alles – Karin hat eines Tages den Koffer gepackt und ist zu einem anderen Mann gegangen. Zu einem Kopf mit Gedanken, die sie, wie sie sagte, noch nicht auswendig kannte. Harri seufzt. Viel zu lange, er rechnet schon nicht mehr nach, bewegt sich in der Nacht kein Körper neben ihm, an seiner Schulter atmet keine Frau. In schlaflosen Stunden, wenn ihn ein Thema nicht loslässt, an dem er seit Wochen arbeitet, verlässt die Modigliani-Schöne über dem Bett hin und wieder ihren Rahmen, steigt zu ihm herab, legt ihren Schlangenkörper auf ihn und erlöst ihn. Dass das Mädchen mit dem aufreizenden Hüftbogen ihm auf ihre Weise die Treue hält, war immer wie ein kleiner Trost für Dr. Harri Klare, den Mann auf dem Weg, seinen Traum zu begraben. Heute wirst du dich wundern, denkt er. Gleichgültig erwidert die Schöne sein Lächeln, das sich in nachsichtiges Grinsen verwandelt. Harri will sich seinen jungenhaften Übermut beim Anblick des Bettes und des Bildes nicht nehmen lassen. Dieses ungewohnte Gefühl, das von Tag zu Tag, von Stunde zu Stunde spürbarer in ihm herumtollt, er will es nicht deuten, nicht analysieren. Kopfschüttelnd reißt sich Harri aus seiner Versunkenheit, geht in die Küche, dreht den Wasserhahn auf und lässt Wasser ins Glas laufen. Weil ihn aber seine Vorfreude ganz kindisch gemacht hat, hält er auch auf dem Rückweg zum Schreibtisch wieder vor dem Türspalt inne, das gefüllte Glas in der Hand. Es sieht ihm ja niemand beim Kindischsein zu.

Gleich nach dem Aufstehen, noch vor dem Duschen, hat er zwei Bettdecken und zwei Kopfkissen frisch bezogen. Die beiden grün-grau-rot in langen Wellen gestreiften Bettbezüge mit den dazu passenden Kopfkissen sehen wirklich gut aus auf dem dunkelroten Spannlaken. Wenn man mit einem Ereignis von unabsehbarer Tragweite beschäftigt und von dieser Beschäftigung so durch und durch eingenommen ist wie Harri in den letzten vierzehn Tagen, werden gerade die kleinen Dinge auf einmal bedeutsam. Gestern zum Beispiel war ihm aus dem Nichts heraus der Gedanke gekommen, weiße Bettwäsche könnte der Liebe abträglich sein. Erstaunlich, ja lächerlich lange hat er damit zugebracht, in der Bettenabeilung von Ortheim im riesigen Angebot bunt gemusterter Bettwäsche das Richtige zu finden. Wellen, fand er schließlich, strahlen etwas Ermunterndes aus. In jeder Hinsicht ermunternd soll sich das Hin und Her zwischen ihm und ihr entwickeln. Eine kluge und sensible Frau wie Gundula wird ohne es sich bewusst zu machen merken, dass so ein Wellenmuster das Passende ist, nicht übertrieben jugendlich, nicht aufreizend und auch sonst in keiner Weise vordergründig. Sie wird sich hineinfallen lassen, sich einkuscheln, aufgeschlossen für ihn. Dort, auf der rot-grünen Liegewiese, wird sie die Arme nach ihm ausstrecken und lächeln, spitzbübisch und ein klein wenig weiblich-ängstlich.

Zum ersten Mal benutzt Harri farbige Bettwäsche. Nie im Leben hat er nur einen Gedanken an Bettwäsche verschwendet. Was verschlissen war, wurde nachgekauft, und zwar weiß, auch in der Zeit mit Karin, die in der Hinsicht keine Vorstellungen oder Wünsche geäußert hatte. Bisher hat sich Harri, weniger aus Gehorsam als aus Gewohnheit, an die Gebote gehalten und auch das Gebot übernommen, Bettwäsche habe weiß zu sein. Weiß ist der Schlaf und weiß ist der Tod, hört er seine Mutter. So lange sie lebte, hat sie mit ihrer müden, sich beschwerenden Stimme in seine Angelegenheiten reingeredet. Bettwäsche muss Kochwäsche sein, Weißes kann man kochen, darum muss Bettwäsche weiß sein. Schmutzige Träume und der andere Schmutz gehen ohne Kochen nicht raus. Mutter mit ihrer aristotelischen Logik. Von so hoch oben bekommt sogar eine Mutter wie sie inzwischen nicht mehr alles mit. Harri erlaubt sich ein vertrauliches Zwinkern in Richtung Schmutzwäschetruhe neben der Schlafzimmertür.

Unter dem schweren, mit Bauernblumen bemalten Deckel sind alle seine Flecken auf dem bis heute Morgen benutzten weißen Bettzeug blicksicher verstaut. Schon lange nicht mehr ist er der Sohn, der seiner Mutter alles recht macht.

Als Harri wieder am Schreibtisch sitzt, den Monitor mit Text vor Augen, merkt er, dass er sich trotz seiner Aufregung sicher fühlt. Er hat systematisch geplant und, wie er sich kennt, auch an alles gedacht. Ist Gundula nach Sekt zumute, wird im Kühler auf dem Sofatisch eine Flasche trockener Sekt, die er mit geübten Griffen entkorkt, auf ihren Gaumen warten; will sie Weißwein, bitte sehr, zwei Flaschen guter Pfälzer, nicht zu kühl temperiert, liegen im Kühlschrank bereit und auf dem Küchenbord lagern zwei Flaschen Rotwein, zweitausendvierer Rioja. Zweitausendvierer Wein, weiß oder rot, sei besonders rund, sagte Gerhard, dem man es glauben kann.

Ein gutes Jahr für Weine. Dies Jahr ist ein gutes Jahr für die Liebe. Etwas mehr als vier Monate ist es her, als Harri zum ersten Mal mit Gundula geredet und sie einander in die Augen geblickt haben. Vier Monate, seit er sie angesprochen hat, als sie nach der Podiumsdiskussion zufällig – zufällig? Nein, das war kein Zufall – an ihm vorbeigehen wollte, als sie in dem Gedränge seine Hände streifte und sich mit ernstem Mund entschuldigte, und mit diesem Lächeln in den Augen. Da hat er, der sonst eher besonnene Mann, spontan zugegriffen, natürlich nur mit Worten. Eine Sekunde hat sie nachgedacht. Dann hat sie genickt. Sie müsse noch kurz etwas besprechen, aber danach, warum nicht einen Wein trinken mit einem interessierten Menschen aus dem Publikum, warum eigentlich nicht. In der eitlen Hoffnung, von vielen Leuten aus dem Ort mit einer schönen und klugen Frau gesehen zu werden – und so war es dann auch, zufrieden denkt Harri an die erstaunten Blicke mancher Gäste –, hat er sie in das Bistro am Stadthausplatz geführt, sich ihr auf dem Weg dorthin mit seinem Namen vorgestellt und ihr gesagt, dass er von hier sei, ein Einheimischer, sozusagen. Als sie saßen, hat er zunächst einmal artig, denn am liebsten wäre er gleich mit der Tür ins Haus gefallen, um den heißen Brei herumgeredet und sie wissen lassen, was sie ohnehin weiß. Er aber weiß auch, dass Personen, die im Rampenlicht stehen, auf Bestätigung angewiesen sind. Darum hat er sich in wohlgesetzten Worten darüber ausgelassen, wie klug und originell er ihre Antworten und Redebeiträge fand, wie gut es ihr als Soziologin gelungen sei, dem heute mehr denn je von Ausuferung bedrohten Thema Freiheit pragmatische Zügel anzulegen und die Diskussion immer wieder auf die Beziehung von Individuum, Staat und Gesellschaft zurückzuführen, jene konfliktgeladene Verflechtung, die beinahe jede denkbare Freiheitsmöglichkeit in den Kanal der Berechnung, in die laufende Mühle egoistischer Machtinteressen zwängt. Dann aber hat er endlich, als wollte er es ihr schenken, und in gewisser Weise wollte er es ja auch damals schon und will es heute inniger denn je, sein

Leben vor ihr ausgebreitet, Studium, Beruf, fünf Jahre Malta als beratender Wissenschaftler bei einem groß angelegten internationalen tierpsychologischen Projekt. Wie sie ihn ansah, während er redete, mit ihren Augen voller Neugier, ihrem Blick, in dem der klare Wunsch zu verstehen und das unklare Interesse an ihm als Mensch, als Mann, eine hinreißende Verbindung eingegangen waren, hat sie alle möglichen Bekenntnisse zum Leben, zur Liebe, ja auch zu den Frauen und zur Sexualität aus ihm herausgelockt.

Das eine weiß sie also bereits, dass für ihn Natürlichkeit wichtig ist. Ein prägender Eindruck, den das Leben auf Malta in ihm hinterlassen hat. Seitdem betrachtet er hier manche Leute und deren Verhalten mit verwunderten Augen. Avantgarde! Ein Reizwort für ihn. Mit Natürlichkeit meine er allerdings nicht das distanzlose Draufgängertum im Käfig der Leistungsgesellschaft, ganz im Gegenteil. Natürlichkeit bedeutet für ihn eher eine Fähigkeit zur Geduld. Die Begabung, die Dinge des eigenen Lebens und des der anderen gelassen anzugehen. Kindern müsste man als Erstes beibringen zu warten, statt ihnen irgendwelche Wünsche zu erfüllen, ehe sie überhaupt ahnen können, was sie sich wünschen. Was für eine Frau. Wie wach sie ihm zugehört hat, als er seine doch noch recht unausgereiften pädagogischen Ideen vor ihr ausbreitete. Gekichert hat sie, als er unter einschießendem Herzklopfen, von dem sie hoffentlich nichts bemerkt hat, bekannte, wie erotisch er sie fände. Wenn er die Augen schließt, spürt er noch immer die Wirkung ihres Gesichtsausdrucks, als er sie, während sie aufstand und ihm ihre Hand zum Abschied reichte, um ihre Karte bat. Ein leises Widerstreben in den Augen, auf der Haut ihrer Stirn. Das richtige Verhalten für eine Frau, die einem Mann ohne Worte sagen will, dass sie alles andere als leicht zu haben ist. Sie hat den Kopf gesenkt und in ihrer Tasche gesucht. Hat ihre Karte herausgeholt und sie ihm in die Hand gegeben.

Falls sie trotz des gemeinsamen Essens – man weiß ja, dass in teuren Restaurants mehr fürs Auge als für den Magen geboten wird – noch Appetit verspürt, hat er zwei Telefonnummern notiert und den Zettel aufs Regal in der Diele gelegt, Pizza oder thailändisch, je nach Wunsch. Für den ganz kleinen Hunger wird es ohne Aufwand Baguette mit Käse geben. Der Sofatisch ist leer geräumt von Zeitungen und Werbematerial. Harri starrt auf den Monitor und wundert sich, dass er heute ein paar Stunden lang überhaupt noch fähig war weiterzuschreiben an seinem Artikel über die Bedeutung des Singens und der Musik in der Evolution des Menschen. Was hat denn das mit Überlappung der Zuständigkeiten für Sprache und Musik im Gehirn zu tun, wenn ihm mitten beim Schreiben einfällt, dass der Bart, den er sich seit vier Monaten wachsen lässt, grau ist wie das Fell der Wölfe. Die rothaarige Kassiererin im Supermarkt, an deren Kasse er immer ansteht, sein Redakteur, seine Nachbarin in der Wohnung gegenüber, sie haben ihn wegen des Barts angesprochen.

Dass es ihm am Kinn grau sprießt, hätte er anfangs nicht gedacht angesichts der wenigen Haare, die ihm noch über den Schädel krauchen, dunkel wie eh. Man achtet also auf ihn, er ist nicht die graue Maus, für die er sich selbst oft hält, und wenn er noch so unauffällig herumschleicht mit seinem Hunger, dem Hunger des Wolfes. Familie hat er allerdings nicht vorzuweisen. Eine Sippe, für die er lebt, sorgt, sich aufreißt, einsame Strapazen bis an die Grenze seiner Möglichkeiten auf sich nimmt, um Fressbares zu sichten – das Rudel im Hintergrund fehlt bei ihm, leider. Wie, beim Gesang des Odysseus, soll man sich bloß auf das Verfassen eines Sachtextes konzentrieren, wenn einem das Verlangen nach einer Frau durch den Organismus kreist? Gundula ist der Text, an dem ich schreibe, das Lied, das ich singen will. Wir werden ein Zweiklang sein, sie und ich. Es begann doch schon zu klingen zwischen uns, ehe wir anfingen zu reden. Harri schaut auf die Uhr. Mehr als drei Stunden muss er noch herumbringen, bis er sie sehen, ihre Stimme hören darf.

Er wird nicht in der ersten, auch nicht in der zweiten Reihe Platz nehmen, sie könnte die allzu nahe Präsentation seines Anblicks als übertriebenen Eifer, wenn nicht gar als aufdringlich deuten, sich vereinnahmt und somit abgestoßen fühlen. In der dritten oder vierten, zur Not auch in der fünften Reihe wird er einen Außenplatz einnehmen. Er muss rechtzeitig aufbrechen. Das Thema der heutigen Diskussion, »Der Stand des Einzelnen auf dem

Weltmarkt. Soziale Möglichkeiten und Folgen der Globalisierung«, verbunden mit dem Kaliber der zu erwartenden Beiträge auf dem Podium, wird sicher auch diesmal wieder viel Publikum anziehen.

Er nimmt das Wasserglas und trinkt einen Schluck. Am liebsten verkröche er sich im Bett, schlösse sich unter der grün-rot-grau gewellten Bettdecke ein, genösse noch einmal seine Lust als letzte einsame Probe. Doch es wäre ungebührlich, käme einem Sakrileg gleich. Er wird das Bettzeug auf keinen Fall anrühren vor heute Nacht. Er und sie, Harri und Gundula, werden es gemeinsam zerknittern, zerwühlen, mit Spuren versehen. Er wird ihren dunkel klingenden Namen rufen, sie wird ihm mit seinem Namen antworten. Er wird ihren Kopf in die Hände nehmen, er wird ihr Gesicht, ihren Mund an sein Geschlecht pressen. Harri spürt, wie es sich schon wieder aufrichtet, und lenkt seine Hand beruhigend zu seinem Schoß. An den Klang ihrer Stimme kann er sich nicht mehr erinnern, seltsamerweise auch nicht, nachdem er vor drei Tagen von der Telefonnummer auf ihrer Karte Gebrauch machte, sich ihr in Erinnerung brachte und sie einlud, mit ihm essen zu gehen. Sie hat sich natürlich auch nicht gleich an ihn erinnern können, kein Wunder, doch nach einer Weile hat sie ein Lachen hören lassen. Zustimmend hat sie gelacht, ohne Zweifel. Er hat ihre Stimme nicht gespeichert und glaubt trotzdem zu hören, wie sie ihn ruft. Die Stimme der Sehnsucht ist an keine bestimmbare Tonlage gebunden. Sehnsucht verwandelt den ganzen Menschen in einen Klangkörper. Man hat sich selbst nicht in der Hand, wenn Sehnsucht unkontrolliert durch einen hindurch tönt. Nahe liegend, solche Gedanken. Harri atmet sehnsüchtig aus. Seine Lippen zittern. Sie wird ebenso verrückt vor Aufregung auf ihn warten wie er auf sie. Sie wird vor dem Spiegel stehen und den Kopf schütteln, weil ein unverschämter Kerl sie angerufen und eingeladen hat. Wer so etwas tut, bekommt seine Strafe und seine Belohnung: Berührung, nichts als Berührung.

Er sollte noch einmal nachschauen, ob auch wirklich alles am Platz ist. Butter, Schnittkäse, Räucherlachsscheiben, die Weinflaschen, alles griffbereit. Die Küche blinkt, der Fußboden ist gewischt, im Zimmer ist Staub gesaugt, den Schmutzrand in der Badewanne hat er im Schweiße seines Angesichts mit Scheuerpulver entfernt. Wenn er die Wein- oder Sektgläser aus dem Glasschrank nimmt, wird sie ihn vom Sofa aus beobachten. Jede Bewegung soll ihr lässig erscheinen, wie nebenbei. Das dunkle Rot der Rosenknospe auf dem Fensterbrett drängt sich vor seinen Blick; es kommt ihm vor, als nickte ihm die Rose einverständlich zu. Ihretwegen ist er heute Morgen noch vor den anderen Einkäufen in den Blumenladen eine Viertelstunde Fußweg entfernt gelaufen, in dem es, er weiß das noch aus der Zeit mit Karin, als einzigem Blumengeschäft weit und breit frische Blumen aus dem eigenen Land zu kaufen gibt, keine chemieverseuchten aus Übersee, zum Hungerlohn geschnitten von kranken Tagelöhnerinnen. Als er unter laufendem

Wasser den Stiel vorsichtig anschnitt, ihn in die mit lauwarmem Wasser gefüllte lange Glasvase steckte und diese zunächst aufs Fensterbrett hinter dem Schreibtisch stellte, damit er sich an ihrem Anblick freuen kann, ehe er sie nachher ins Schlafzimmer bringt, hat er sich dabei ertappt, dass er die Knospe mit ihrem Namen ansprach. Gundula.

Gundula, Gundula, denkt Harri und kann nicht aufhören, den Monitor anzustarren. Die Buchstaben flimmern. Der weiße Hintergrund blendet. Er überfliegt seinen letzten Satz. »Sollte es sich nach dem Ergebnis der letzten Untersuchungen als stimmig herausstellen, dass sich die musikalischen Äußerungen des Mannes der Urzeit als Signal für Paarungsbereitschaft und Fortpflanzungsfähigkeit artikulierten, wird die Familienforschung auch im einundzwanzigsten Jahrhundert ein Feld zu beackern haben, dessen Ränder noch geraume Zeit nicht fest markiert sein werden.« Harri reibt sich die Stirn. Die Wörter lösen sich auf, ihre Buchstaben krabbeln und fliegen auf dem Weiß herum, nebeln sich ein, verlieren die Bedeutung. Er tastet durch eine Flucht aus nie gesehenen, nie geschriebenen Zeichen, die sich vor seinen zusammengekniffenen Augen ins Endlose vermehren. Seine rechte Wange zuckt, er hört sich schnaufen. Ratlos und verlegen schiebt er die Unterlippe zwischen seine Zahnreihen und kaut auf der Lippe. Er beißt auf sich herum, bis er sich des Schmerzes bewusst wird und seine Zähne die Lippe loslassen. Harri seufzt sich zurück in sein Arbeitszimmer, an seinen Schreibtisch, vor dem er eben ein paar Sekunden lang nicht weiterwusste. Jetzt weiß er es wieder.

Bevor er zum Stadthaus fährt, wo im Großen Saal die Podiumsrunde stattfinden wird, zu der die Stadt diesmal außer der Soziologieprofessorin Gundula N. den Wirtschaftsminister des Bundeslandes, einen Unternehmervertreter, zwei bekannte Politökonomen mit kontroversen Deutungsansätzen und eine Filmschauspielerin geladen hat, wird er als einziges Zugeständnis an die Durchschaubarkeit einer gewissen Absicht die Vase mit der Rose ins Schlafzimmer stellen, allerdings nicht zu nah ans Bett, sodass sie im Eifer des Gefechts womöglich umkippen könnte. In seine Überlegung, wo er die Rose im Schlafzimmer am günstigsten hinstellen sollte, sichtbar wohl, doch von keinem Desaster bedroht, keinem Umfall, wie er als Kind zu sagen pflegte, klingelt das Telefon.

Gerhard. »Wie geht's, alter Knabe?«

»Danke, danke, es geht.«

»Klingt nicht gerade begeistert.«

»Kann täuschen. Und selbst?«

»Wunderbar. Hast du heute schon etwas vor?«

»Wieso? Ja.«

»Was Schönes?«

»Kommt darauf an.« Harri hört Gerhard lachen.

»Na, du machst es ja spannend, aber du wirst deine Gründe haben.«

Harri nickt den Hörer an, fragt: »Wolltet ihr den einsamen Alten irgendwohin mitschleppen?«

»Genau das wollten wir. Und zwar ins Stadthaus. Podiumsdiskussion mal wieder. Ökonomisches Thema mit Sozialvariante. Könnte interessant sein. Moni«, ruft Gerhard, »wer sitzt da heute Abend auf dem Podium?«

Keine Antwort. Harri spürt sein Herz schlagen.

»Lass mal, Gerd«, sagt er und dehnt jedes Wort ein wenig, in der Hoffnung, gedehnt möge es sich gleichgültig anhören. »Vielleicht sehen wir uns da. Aber ich muss jetzt weitermachen. Bis bald, mach's gut.«

Er wartet die Antwort nicht ab, drückt die Aus-Taste, schluckt irritiert, verschluckt sich an seiner Irritation, schaut hustend zum Ficus Benjamini in der Fensterecke, den er nicht vergessen hat zu gießen. Sieht gesund aus, denkt er und schaltet den Computer aus. Er starrt auf das Procedere auf dem Bildschirm und denkt daran, wie er Gundula den Namen des Restaurants nannte, in das er sie einladen wollte und wo er selbstverständlich einen Tisch für zwei bestellt hat, den Namen einer Kette, berühmt wegen der Qualität der Menüangebote, berüchtigt für ihre Preise, einen Namen, der ihr sicher bekannt war. Warum nicht?, hat sie gesagt und gelacht. Heitere Verneinung, eingewickelt in eine Gegenfrage, die weibliche Art, unausgesprochen ja zu sagen. Die gemeinsame Nacht ist beschlossene Sache, beschlossen in wunderbarer Selbstverständlichkeit. Es gibt nichts zu deuten.

Harri sieht auf die Uhr, es ist zwanzig nach fünf. Sein Blick fällt an der Rose vorbei zum Haus gegenüber. In einigen Zimmern ist Licht. Er betrachtet die hinter Gardinen gedämpft erleuchteten Rechtecke und überlegt, was das Gegenteil von anheimelnd ist. Er beschließt, etwas frische Luft zu schnappen, ehe er duscht und sich umzieht.

Im Treppenhaus steigt ihm Frau Kleinreich entgegen, seine mollige Nachbarin aus der Wohnung gegenüber. Frau Kleinreich war beim Friseur, sie hat ihr Haar blondieren lassen, stellt Harri fest, allzu jugendlich, allzu durchschaubar, findet er und wundert sich über sein Einschätzungsvermögen. »Hallo«, sagt er im Vorbeigehen eine Spur zu freundlich. Frau Kleinreich und Herr Dr. Klare grüßen einander seit Jahren, manchmal bleiben sie für ein paar Minuten auf der Treppe stehen und reden über die Pünktlichkeit der Müllabfuhr oder einen Fahrraddiebstahl. Auch übers Wetter gibt es Wichtiges auszutauschen. »Hallo«, grüßt Frau Kleinreich zurück. Offenbar entzückt über seine Höflichkeit schaut sie ihm forschend ins Gesicht, beinahe gierig sieht sie ihn an, als ahnte sie etwas und wollte nun Gewissheit. Vielleicht will sie auch nur ein anerkennendes Wort über ihre Haarfarbe hören. Der Nachbar will sich nicht unbeliebt machen, ehe er aber den Mund öffnet und artig »sehr schick, Frau Nachbarin« oder ähnlich Unverfängliches von sich gibt, sind beide schon weitergegangen. Als Harri die Haustür öffnet, hört er sie ihre Wohnungstür zuziehen.

Vorabendlicht auf der Straße, zwischen den Wohnhäusern, über den Dächern. Zwei Jungen mit

steifen gelben Haaren, die ihnen büschelweise wie
Blitze vom Kopf abstehen, trotten Harri entgegen,
lachend und laut kichernd stoßen sie mit den Schultern gegeneinander, jeder hat eine Flasche in der
Hand, hält sie sich alle paar Schritte an den Mund,
Harri kommt auf den Gedanken, sie trinken und
lachen sich Mut an. Als fürchtete er, in eine Ausein-
andersetzung zu geraten, weicht er unwillkürlich zur
Seite aus, um die Jungen reibungslos vorbeizulassen.
Als sie vor ihm angelangt sind, hören sie auf zu lachen, blicken starr ins Ferne oder Leere. Den Mann
im Mantel, der sie durch seine Brille fixiert, scheinen
sie gar nicht wahrzunehmen. Kaum an ihm vorbei,
fangen sie wieder an zu kichern und zu lachen.
Harri hat keine Lust, dem aufkeimenden Gedanken
nachzugehen, wie es bei ihm war, als er jung war. Er
überlegt, ob er nachher mit dem Auto zum Stadthaus
fahren oder lieber laufen soll, entschließt sich fürs
Fahren und Parkhaus. Gleich nach dem Essen ein
Taxi zu bekommen, ist nicht sicher, und mit einer
Frau, mit ihr den ganzen Weg zu seiner Wohnung
zu laufen, wäre in der wärmeren Jahreszeit angesagt,
jetzt aber, im Februar, wo die Nächte kalt werden, zu
kalt, um spontan stehen zu bleiben und, Harri lächelt
bei dem Gedanken, Gundula zu umarmen und – er
denkt den Gedanken nicht zu Ende. So viel ist klar,
es wäre eine Zumutung, den ganzen Weg zu laufen.
Schlank ist sie, kommt ihm in den Sinn, schlank, so
viel weiß er noch, ob aber eher groß oder eher klein,
da setzt seine Erinnerung aus. Ebenso wenig wie

an ihre Stimme kann er sich an ihre Proportionen erinnern, ob sie lange Beine hat, Haarfarbe, Augenfarbe, die Form ihrer Hände, er weiß es einfach nicht. Es gab an dieser Frau offenbar kein Detail, das vom Wesentlichen ablenkte, keine Sensation, an der sich seine Augen festgebunden haben. Gundula hat ihm im Ganzen gefallen, alles und nichts an ihr gab den Ausschlag für seine ungewohnte Begeisterung, nur sie, und nicht, wie sonst, irgendeine besondere Einzelheit. Karins Brüste. Schwer und fest zugleich. Er hat sich danach gesehnt, diese Brüste mit seiner Zunge zu fühlen. Vor der Zeit mit Karin hat ihn an Ingrid, der Lehrerin, das Lachen gefesselt, dieser überraschende Gegensatz zu ihrer Strenge und Disziplin. Zwei, drei Jahre lang hielt seine Lust auf Ingrid an, nur wegen ihres Lachens. Sie drückte damit so viel mehr aus als mit allem, was sie sonst zu sagen hatte. Auf einmal hatte er genug, er konnte sie nicht mehr sehen und nicht mehr hören, ihr Lachen war ihm über. Gundula braucht kein Lachen und keine andere sekundäre Attraktion, um ihm zu gefallen. Als er das denkt, ist es ihm, als schritte er dieser Frau, die er allein wegen ihres Soseins begehrt, in der Wärme seines Erstaunens entgegen. Mit einem heftigen Räuspern trennt er sich von seinem Überschwang, sieht auf der anderen Straßenseite ein Auto sich in eine kurze Parklücke mühen und muss an sich halten, nicht über die Straße zu eilen und dem Fahrer winkend behilflich zu sein. Die beiden Jungen sind nicht mehr zu sehen und zu hören, der Fahrer steigt aus, Harri vernimmt das Zuschlagen der Tür und das quiekende Geräusch der Zentralverriegelung. Er hört Schritte sich entfernen und fragt sich, was er hier draußen zu suchen hat. Er schaut auf die Uhr, gegen sechs ist es jetzt, wenn er es in Ruhe hinter sich bringen will, ist es auch Zeit zu duschen und sich zu rasieren.

Er schließt die Wohnungstür auf, tritt in den Flur und drückt auf den Lichtschalter links neben der Tür. Genauso werde ich es nachher auch tun, fällt ihm ein, als er den Mantel auszieht und an die Garderobe hängt. Nachher aber ist sie bei mir und sie ist das erste Mal hier, bei mir, denkt er und bleibt mit dem Rücken zum Garderobenspiegel stehen und schaut mit den Augen eines Menschen, der diese Wohnung noch nie gesehen hat, in den Flur. In der gelblichen Papiermulde der Deckenbeleuchtung, einer nackten Neonröhre, die Karin damals geschickt mit Lampenpapier umhüllt hatte, bemerkt er einen Schatten. Ein unklar umrissener Schleier aus dunklen Punkten. Tote Fliegen. So weit hat er es kommen lassen. Beschämt senkt Harri den Kopf. Die Dielen sehen da, wo man geht, abgetreten aus. Auch dieser Ausdruck von Schäbigkeit lässt sich jetzt auf die Schnelle nicht beseitigen. Ein Flur mit geschlossenen Türen wirkt abweisend. Wie immer hat Harri, ehe er hinausging, in der Vorstellung, seine Wohnung möge auf den ersten Blick ordentlich erscheinen, falls es für irgendjemanden aus irgendeinem Grund, Wasserschaden, Feuer oder sonst etwas, notwendig sein würde, sie in seiner Abwesenheit zu betreten, die Türen zu allen Räumen geschlossen. Er drückt die Klinke zu seinem schmalen Arbeitsraum und stößt die Tür mit der Hand auf. Schlafzimmertür, Wohnzimmertür, die Küchentür in der Wand gegenüber, alle Türen stößt er nacheinander auf und steht dann mit hängenden Schultern mitten im Flur, unter der Lampe. Ein geöffneter Raum ohne Licht, fällt ihm ein, hat so wenig Sinn wie eine Kehle ohne Ton. Erleichtert strafft er sich, geht auf die Türen zu und knipst in allen Räumen Licht an. Er öffnet die Badezimmertür, die nachher als einzige geschlossen sein wird, bringt pfeifend seine letzten Vorbereitungen hinter sich und verlässt dezent duftend seine Wohnung. Ins Auto steigend, überschaut er stolz und ängstlich die Reihe erleuchteter gardinenloser Fenster in der zweiten Etage. Nachher, denkt er, werde ich alle Vorhänge zuziehen, ehe ich das Licht lösche.

Zwanzig vor acht, als Harri in der Halle des Stadthauses eintrifft, hat sich vermutlich der größte Anteil des Publikums bereits eingefunden, eine schwatzende Masse. Er drängt sich zwischen den Körpern zu einer geöffneten Tür vor und wirft einen Blick in den Saal, der wie ein Kinosaal von Wandlampen in gedämpftes Licht getaucht ist. Ein Techniker probiert eines der Mikrofone aus, indem er wiederholt eine Zahlenreihe hineinspricht und dabei die Hand mäßigend oder fordernd bewegt wie jemand, der einem anderen beim Einparken hilft. Die in kurzen

Abständen durch den Raum schallenden Zahlen von eins bis acht erscheinen Harri jeweils nicht verschieden genug, um eine Verbesserung oder Verschlechterung der Klangqualität zu bemerken. Der Mann ruft »okay« und verschwindet durch die schmale Tür hinter dem Podium, durch die gleich die Diskutanten eintreten werden. Einige ältere Frauen, die bereits in den vorderen Reihen Platz genommen haben, drehen sich zu den Eingangstüren oder sonst wohin um. So vieles bleibt sich gleich, denkt Harri und begibt sich für den Bruchteil einer Sekunde zurück in die Zeit, als er seine Großmutter in die Kirche begleiten musste. Die grauen Köpfe, die sich, bevor der Gottesdienst losging, dauernd umdrehten, waren für ihn das Interessanteste an der ganzen Veranstaltung. Der Erlöser, auf den die alten Leute warteten, sollte doch aber von oben kommen und nicht durch eine Tür in der Wand, dieser Widerspruch hat ihn die ganze Zeit beschäftigt, während er das Singen und Beten, das Aufstehen und Hinsetzen und die Stimme des Pfarrers über sich ergehen ließ. Er könnte sich, da er nun einmal schon hier ist, hinsetzen und in Ruhe abwarten, doch der Junge in ihm, der die grauen Köpfe komisch findet, und der aufgeregte Mann scheuen davor zurück, sich dem Abenteuer zu früh auszuliefern.

Seinen Mantel gibt er lieber nicht an der Garderobe ab, weil er nachher nicht anstehen will. In der Menge untergetaucht muss er sich nun darauf konzentrieren, Gerhard und Moni nicht zu begegnen.

Seltsam, dass man diejenigen, denen man unbedingt ausweichen will, derart eifrig sucht, dass man sogar inbrünstig hofft, die Unerwünschten zu entdecken, damit man sich besser vor ihnen verstecken und schützen kann. Und wieder, trotz allem, was in diesem und den folgenden Augenblicken wirklich für ihn zählt, lässt sich Harri momentlang ablenken, diesmal vom Vergleich mit dem Verhalten der Tiere in der Wildnis. Kopfschüttelnd beißt er sich auf die Lippen, weil ihm überhaupt nicht nach Lächeln zumute ist. Doch fühlt er sich vor Entdeckung geschützt in der Meute der Schwatzenden, die nun auf einmal, um zehn vor acht, wie auf ein Startsignal hin durch beide Eingänge auf die Stuhlreihen zuströmt, um sie zu besetzen.

Harri lässt sich im Strom mitziehen bis zur vorderen Saaltür, er durchschreitet sie, geht eilig und unbehelligt den Gang zwischen den Stuhlreihen hinunter bis zur fünften Reihe, wo ganz außen noch ein Platz frei ist. Aufatmend lässt er sich auf den Sitz fallen. Hier sitzt er nicht aufdringlich ihrer Aufmerksamkeit dargeboten, doch wenn sie nur einen wachen Blick über die ersten Reihen wirft, wird sie ihn sehen und erkennen. Zwei Frauen in seinem Alter in der Mitte der Stuhlreihe nicken ihm grüßend zu, als kennten sie ihn von irgendwo her, er nickt zurück und schlägt die Beine übereinander, sinnlos, denn er muss sich gleich wieder erheben, um jemanden an sich vorbeizulassen. Er bemerkt die Namensschilder auf dem Podium. Professor Dr. Gundula Neunzahl wird, von ihm aus gesehen, links neben dem Moderator sitzen.

Harri hat das Gefühl, unter seiner Kleidung rot und klebrig geworden zu sein. Eilig zieht er seinen Trenchcoat aus und hängt ihn über die Stuhllehne, auch auf die Gefahr hin, dass er unter dem Gewicht seines angelehnten Rückens zerknautscht. Gern zöge er auch das Jackett aus, doch wie käme das rüber, er, Dr. Harri Klare, im hellblauen Oberhemd, gleichsam hemdsärmelig vor Gundulas Augen. Als er ihren Namen denkt, wird ihm bewusst, dass die Freude auf sie eine Weile nicht in seinen Gedanken war. Eine Art Eifersucht runzelt ihm die Stirn, zieht ihm die Lippen zusammen, Eifersucht auf lauter unwesentliche Beobachtungen, die sich in die Vorfreude auf die Frau gedrängelt haben, die sich hier allen gleich als Koryphäe präsentieren wird und die er nachher privat ganz für sich allein haben wird. Gundula. Er verspürt wieder den Impuls, sich umzudrehen und Gerhard ausfindig zu machen. Sie könnten einander nun gefahrlos zuwinken. Wichtiger ist es, zur Uhr zu sehen und die Augen zum Podium zu richten. Kaum fällt ihm ein, dass es jeden Moment so weit sein wird, öffnet sich von innen die schmale Tür hinter dem Podium, durch die eben der Tontechniker verschwunden ist. Die Referenten, angeführt vom Moderator, gehen hindurch und besteigen das Podium über das seitlich daran angebrachte Treppchen, Gundula als Dritte nach dem Politökonomen und der Schauspielerin. Der Moderator stellt sich vor seinen Platz in der Mitte des langen Tisches und weist den Teilnehmern ihre Plätze zu.

Ihr Haar ist im Nacken zusammengebunden. Kaum sieht Harri ihr Haar, erinnert er sich an die Farbe. Dunkelblond. Ihr Gesicht ist schmal, der Mund klein, die Augen, er kann sehen, wie sie glänzen, obwohl sie nicht geradeaus ins Publikum blickt, sondern vor sich auf den Tisch. Ihr Gesicht, ihre Mundwinkel, die feinen Rillen neben dem Mund, er weiß das alles wieder, als hätten angelehnte Türen in seinem Gedächtnis nur auf das Öffnen durch ihre Gegenwart gewartet. Sie greift nach der Flasche und gießt Wasser in das Glas, das vor ihr steht. Mit ruhiger Hand stellt sie die Flasche auf den Tisch zurück. Sie weiß nicht, wo er sitzt, kann es nicht wissen. Sie sieht ihn also nicht. Darum lächelt sie nicht. Harris Brust hebt und senkt sich, sein Jackett verbirgt seine Aufregung.

Der Diskussionsleiter beginnt zu sprechen, das Publikum, das er begrüßt, wird still, er begrüßt jeden Gast mit Namen, Arbeitsfeld, einigen Buchtiteln. Als er ihren Namen nennt, erschrickt Harri, er zuckt zusammen, als hätte man ihn aufgerufen. Er erschrickt auch, weil ihm einfällt, dass er noch nichts von ihr gelesen hat, nicht einmal einen ihrer Aufsätze in »Soziologie heute«. Immerhin hat er ihre beiden Bücher gekauft. Er hat darin geblättert, die Bände dann aber wegen der Priorität seiner eigenen Arbeit erst einmal ins Regal gestellt, Abteilung Soziologie, da ragen sie als guter Vorsatz, sie baldmöglichst zu studieren, ein wenig heraus. Der Moderator wendet sich dem nächsten Gast zu. Er redet und redet. Harri senkt den Kopf. Er ist unbedeutend. Er ist unwesentlich. Ihn wird man niemals einladen. Obwohl er auch schon einiges zu Papier gebracht, einiges auch veröffentlicht hat – wenn man ihn nach seinem kritischen Ansatz fragte, nach einer Vision, er wüsste auf Anhieb keine Antwort.

Die Diskussion wird mit einer These eingeleitet, die das Thema des Abends polarisierend umreißt. Als Harri aufblickt, ahnt er in Gundulas Augen eine Bewegung in seine Richtung. Er möchte die Hand heben, vorsichtig winken. Die Worte »einerseits« und »andererseits« kommen mit der Verheißung ihrer Bedeutung bei ihm an. Einerseits möchte er unsichtbar, verschwunden, versunken sein, andererseits zwischen ihren Beinen kauern, deren Anblick ihm durch die Verblendung des Tisches versagt ist. Wäre es ihm möglich, unter dem Tisch zu hocken, zöge er sacht und heftig zugleich ihre Knie auseinander und griffe mit langen Fingern zu. Sie wurde offenbar gebeten, das Wort zu ergreifen. Sie reckt das Kinn ein wenig vor und öffnet den Mund.

»Im Augenblick ...«, so beginnt sie.

Und nun vernimmt Harri die Stimme, die ihm nie aus dem Sinn gekommen ist, obwohl er ihre Modulation nicht im Gedächtnis hatte. Gundula lächelt aus wandernden Augen ins Publikum.

»Wir sind dabei, es so weit kommen zu lassen, dass das Medium uns benutzt, dass wir weltweit von ihm abhängig sind wie Süchtige von ihrem Stoff. Nur, wir …«, sie hört auf zu sprechen und reckt ein wenig den Hals vor, »… wir merken es nicht.«

Was sie da sagt, gehört hier nicht hin, denkt Harri. Es sprengt den Rahmen der geistreichen Plauderei, des druckreifen Schlagabtauschs. Solche emotional geladenen Behauptungen kann sie im privaten Kreis äußern, hier aber gibt sie sich der Verwundbarkeit, wenn nicht der Lächerlichkeit preis. Nachher werde ich versuchen, ihr das klar zu machen.

Harri beobachtet den Minister, der höflich interessiert in Gundulas Richtung blickt. Die drei anderen Herren verbergen ihren empörten Widerspruch hinter Pokergesichtern. Die Schauspielerin lässt ihren großen roten Mund lächeln. Hinter Harri klatschen ein paar Leute.

Harri schiebt unauffällig seinen linken Jackettärmel hoch. Knapp dreißig Minuten sind vergangen. Die Augen geschlossen halten und an nachher denken, nichts anderes will er jetzt. Nachher, wenn er die Frau, die sich da oben in der Rolle als Mahnerin bloßstellt, in seinen Armen hält, nachher, wenn ihre Kompetenz, ihr Wissen, ihre Autorität und ihre überzogenen düsteren Vorstellungen in ihrem Duft vergehen. Er muss die Augen offen und den Kopf aufrecht halten, als lausche er und denke mit, obwohl ihm die Möglichkeiten der menschlichen Weiterentwicklung, die Aspekte der Freiheit der Forschung, die vermeidbaren und unvermeidlichen sozialen und mentalen Triumphe oder Katastrophen, in die sich die Menschheit mittels ihrer immer perfekteren Handhabung des Gegenteils von Freiheit manövrieren wird, im Augenblick mehr als gleichgültig sind. Schlimmer noch, die Aussichten der Menschheit gleiten von ihm ab, er allein und was er sich wünscht, ist von Belang. Da er aber sein Ziel erreichen will, muss er still sitzen wie ein Schüler, der sich seine gute Vorzensur nicht verderben darf. Vergiss das alles, lass die anderen über Individualität und Freiheit reden, lass uns lieber unsere eigenen Freiheiten ausprobieren, das kann er jetzt nicht einfach in den Raum rufen, er muss es bei sich behalten, sich fügen und warten. Ob sie schweigt oder das Wort ergreift, Harri hört nicht mehr hin. Er konzentriert sich auf ihre Schultern, die sie unter Polstern ihrer hellen Wolljacke versteckt. Ihre Brust ist hinter der aufgeknöpften Jacke kaum zu ahnen. Sie legt ihre Hände leicht ineinander, breitet sie unvermittelt in einer kleinen Bewegung vor sich auf dem Tisch aus, als empfinge sie einen Gedanken. Ihre hellen Hände, die ihm Freude machen werden, wilde, zärtliche, lange entbehrte Freuden. Die Leute klatschen der Schauspielerin Beifall, die von ihrem Engagement für verlassene Kinder berichtet, dem Geduld verlangenden Weg, jungen Menschen, die ihre ersten Lebensjahre im Klima von Angst und Gewalt verbracht haben, nur eine Ahnung ihrer eigenen Individualität zu vermitteln. Wie damals auf dem Gymnasium, als er nicht aufpasste, weil ihn die Beine der Geografielehrerin mehr interessierten als Erdölvorkommen im Kaukasus, fliegen lange Wörter und halbe Sätze an ihm vorbei. Nur die Frau geht ihn an, Gudula, die samt ihren versteckten Beinen mit sechs anderen Personen an einem langen Tisch sitzt, Papier, einen Kugelschreiber, eine Flasche Wasser, ein Wasserglas, ein Mikrofon und ein Schildchen mit ihrem Namen vor sich. Und die Nacht mit ihm. Harri guckt irgendwo hin, er merkt, seine Augen tränen, er zwinkert, schluckt, wagt nicht, sich die Augen zu reiben, lässt die Finger der im Schoß gefalteten Hände sich ineinander verhakeln, lässt sie miteinander ringen, bis es knackt, bis er Beifall rauschen hört. Der Beifall verebbt, das Publikum wird aufgefordert, Fragen zu stellen, Kommentare abzugeben, eine junge Frau, die, den Hals gereckt, über die Köpfe in den Reihen schaut, geht herum und reicht das Mikrofon dem ersten Menschen, der sich gemeldet hat.

»Ich möchte Frau Professor Neunzahl etwas fragen«, hört Harri eine junge männliche Stimme.

Harri hält den Kopf gesenkt, lauernd blickt er zu ihr hin. Es strengt ihn an, sie so von unten herauf im Auge zu behalten.

Gundula nickt und lächelt.

»Sie kennen den Begriff der Wohlstandsverwahrlosung«, fährt die Stimme fort. »Ich weiß, Sie haben sich damit auseinandergesetzt. Und nun frage ich Sie. Können Sie sich vorstellen, dass so etwas wie eine Wissensverwahrlosung auf uns zukommt?«

Gundula hört nicht auf zu lächeln.

Harri hat die Frage verstanden, Wort für Wort. Sähe er nicht Gundula lächeln, hätte er seine Ohren dem Beitrag aus dem Publikum verschlossen. Er hätte dichtgemacht und sinnlos wieder auf die Uhr gesehen. Warum, denkt er, fällt mir so eine Frage nicht ein. Er kommt sich wie ein Geduckter vor, wie einer, der immer nur wiedergibt oder zusammenfasst, was andere vor ihm mit anderen Worten viel überzeugender gesagt haben.

»Verwahrlosung des Wissens?«, fragt Gundula.

Sie schaut dem Fragenden, der aufgestanden ist, offen ins Gesicht, mit ihrem Lächeln um die Mundwinkel. Ihr Lächeln schwingt in ihrer Stimme mit.

Sie redet. Harri lässt ihre Stimme durch seine Kehle, seine Schultern, seinen Bauch klingen. Er lauscht ihrem Lied. Was sie auch sagt, sie ist es, die singt. Hoch über ihm, in einer Sphäre aus Geist und blauer Luft, singt sie ihr Lied, ihre Arie. Aber sie singt nicht für ihn.

Er weiß auf einmal nicht mehr, was er hier zu suchen hat, aus welchem Grund er hier mit heißen Ohren sitzt. Er hat gewartet, das weiß er, denn er sitzt noch immer in der Haltung eines Menschen, der wartet. Lächerlich, wie er sitzt und wartet. Er ist Teil der Leute hier, keinen Deut anders ist er. Bildungsbürgertum. Er will gebildet unterhalten werden. Er ist so einfarbig grau und hellblau wie die mehr oder weniger älteren Personen um ihn herum, die nachher ins Bett gehen und vorher sagen: Interessanter Abend.

Sein Gesicht, seine Hände, seine Knie erblassen. Harri fühlt sich überall blass und kalt. Der Abschlussbeifall geht los und er kann seine Hände nicht bewegen. Er muss aufstehen, weil man an ihm vorbei will. Er zieht seinen Trenchcoat von der Stuhllehne. Er hat richtig vorausgesehen, der Stoff ist an einigen Stellen zerdrückt. Kein Problem, beim Tragen wird sich der Mantel wieder aushängen.

Die Stühle auf dem Podium sind leer. Die Namensschilder stehen noch da, als warteten sie, wie auch die Mikrofone, die leeren Gläser, die grünen Wasserflaschen. Harri steht mitten im Gang. Er hat noch etwas zu erledigen, darum bewegt er sich in Richtung erste Reihe. Er stellt sich vor die erste Reihe, hält sich zwischen einigen Menschen auf, die vor dem Podium zu zweit oder zu dritt redend beieinander stehen geblieben sind. Er weiß, dass er wartet, und weiß auch, auf wen. Warum er hier lungert und wartet, ist ihm entfallen. Da gab es seine Vorbereitung. Seine große Freude. Seine Vorgedanken, seine Vorstellungen. Das alles hat es gegeben. Er steht herum wie einer, der seine Hausaufgaben gemacht hat.

Das Türchen hinter dem Podium öffnet sich. Gundula mit Mantel und Aktentasche kommt heraus, schließt das Türchen hinter sich. Sie hat ihren Mantel nicht zugeknöpft. Mit langen Beinen im engen Rock eilt sie lächelnd auf ihn zu. Da fällt es ihm wieder ein. Er breitet die Arme aus. Sie eilt an ihm vorbei. »Harald!«, hört er ihre melodische Stimme. »Grüß dich! Schön, dass du gekommen bist!«

Sie begrüßt jemanden, der auf sie gewartet hat. Das zärtliche Geräusch eines Wangenkusses, Harri kann es hören. Er dreht sich nicht um, er atmet aus und atmet wieder ein. Er spürt seinen Atem durch sich hindurchströmen, einen frischen, kräftigen Hauch Erleichterung. Sein eigener Schwung weht ihn den Gang hinunter nach draußen. Im Auto pfeift er alte Melodien. Zu Hause lässt er sich ein Schaumbad ein. Während das warme Wasser läuft und sich Schaumwolken ausbreiten, verschlingt er vor der geöffneten Kühlschranktür ungeröstete Toasts mit Scheiben von zartem Käse. Ein gutes Jahr für Wein! Er nimmt die offene Rioja-Flasche, steigt mit ihr in die Badewanne, trinkt und fängt an zu singen. Er singt Schlager und Opernarien, die Arie der Carmen schmettert er besonders laut, und er singt noch, während er sich abtrocknet. In den rot-grünen Wellen hält er die Schöne im Arm und hört nicht das Telefon klingeln.

Die Nacht vor der Hochzeit

Es ist weit nach Mitternacht. Er liegt auf dem Rücken, die Augen geschlossen, und schläft nicht ein. Neben sich hört er Birgit atmen. Selten legt sie sich vor ihm schlafen. Morgen ist ein harter Tag für uns, hörte er sie, als sie ins Bad ging. Sie lachte, bevor sie die Tür zumachte. Einen Unterton von Unbehagen meinte er in ihrem Lachen zu hören. Sein eigenes? Morgen, Donnerstag, den 1. April um zwölf Uhr dreißig werden wir versetzt. Auf dem Standesamt. In den Stand der Ehe. Danach wird beim Griechen gefeiert. Freunde, Kolleginnen, seine Söhne, Birgits Mutter und Bruder werden dabei sein. Wir werden essen, Gläser klingen lassen, die üblichen kleinen Ansprachen anhören, und wenn das Fest gelingt, werden wir viel lachen. Arnold Stolze und Birgit Belling, demnächst nicht mehr Paar, sondern Ehepaar.

Er war es, der ihr vorgeschlagen hatte zu heiraten. Mehr als das, er hatte es ihr angetragen. Mit vielen roten Rosen. Er hat den Rosenstrauß ausgewickelt und ihn am ausgestreckten Arm vor sie hingehalten wie ein Schießgewehr. Willst du mich heiraten? Also ich will es. Sie nahm ihm die Waffe ab und verwandelte sie in Rosen zurück. Sie drückte den Strauß an sich und sah ihn rätselhaft an und wurde rot. Vielleicht war es vom Widerschein der Rosen. Dann sagte sie: Dich willst du heiraten? Oh, da würde ich mich aber vorsehen! Und sie fiel ihm um den Hals, aber vorsichtig, wegen der Rosen.

Er hat gestern Abend noch eine Weile Zeitung gelesen. Vertauschte Rollen am Abend vor der Hochzeit könnten ein gutes Omen sein. Brauchen wir ein gutes Omen, fragt er sich und verneint. Normalerweise arbeitet sie gern am späten Abend, manchmal schreibt sie die Nacht durch bis in den frühen Morgen, wenn er schon bald wieder aufstehen muss. Sie legt sich neben ihn und er hört ihren Atem. Er spürt ihren Geruch nach geduschter Haut und noch etwas undefinierbar anderem, spürt es durch die Decken hindurch. Ungezählte Nächte im Bett zu Hause, in Hotelbetten, in der kleinen Koje im Boot. Ebenso viele oder mehr Nächte werden sie noch miteinander sein, und die Tage vor den Nächten, und die Abende, vor allem die Abende. Schach spielen. Etwas vom Tag loswerden, meist von der Arbeit. Problematische Schüler, gleichgültige Mütter, von den Vätern ganz zu schweigen. Erzählen, wen man heute zufällig getroffen hat, lachen, lachen. Er liebt es, wenn sie ihm gegenüber am Tisch sitzt und über ihn lacht, über irgendeine nebensächliche Bemerkung oder darüber, wie er gerade guckt, kann sie plötzlich losprusten, und er fühlt sich aufgehoben. Sie liest ihm den ersten Entwurf einer Filmrezension vor, fragt, ob sie dies oder jenes so lassen kann, er schlägt eine Kürzung vor, sie streiten über dies und das. Manchmal fliegen Fetzen. Sie schweigen, trinken ein Glas. Er schaut auf die Uhr, geht zu Bett, sie an ihren Schreibtisch.

Wie viele Jahre sind sie zusammen? Das Jahr des Mauerfalls eignet sich für Berliner gut als biografische Orientierungskonstante. Beinahe einundzwanzig. Man hat die Zahl der Jahre im Kopf, die man sich kennt, und rechnet trotzdem gelegentlich nach, als stimmte da was nicht. Man weiß doch auch, wie alt man ist. Trotzdem überprüft man anhand des Geburtsjahrs die Jahre, die man schon auf dem Buckel hat. Man will die Zahl nicht wahrhaben, man hält das sture Höherwerden seiner eigenen Zahl einfach nicht für möglich. Im tiefsten Herzen, denkt Arnold, ist man der kleine Mensch geblieben, der von Zeit noch keine Ahnung hat. Später meint man sie dann zu kennen, noch später scheut man vor ihr zurück. Die Zeit ist eine Spinne, fiel ihm einmal ein. Sie hockt in ihrem Nest und lauert. Wenn man nicht an sie denkt, wirft sie ihr Netz über einen und lässt einen zappeln, bis man an ihr erstickt ist. Arnold seufzt. Wir vergessen die Zeit, wenn wir uns lieben. Wir lieben uns schon lange nicht mehr jeden Tag. Aber wir lieben uns.

Wann genau war das eigentlich, fragt er sich, als sie im Vorbeigehen über meinen Fuß stolperte, den ich am langen Bein zu weit raus auf den Gehweg gestellt hatte. Seine Mundwinkel ziehen sich in die Höhe, seine Lider zucken. Warm muss es gewesen sein, sonst hätte er nicht draußen am Tisch sein Bier getrunken. Kommt ihm da diese Schwarzhaarige mit energischem Gang ins Blickfeld – rassige Schönheit nannte sein Vater sie hinter vorgehaltener Hand. Die paar Male, die er Birgit erlebte, hat sich sein sonst eher schroffer, wortkarger Vater Mühe gegeben, charmant zu sein. Hat gelacht mit ihr, hat für sie sogar seinen guten Anzug angezogen. Verknallt war er in sie, nicht anders als Fritz und Uwe, Arnolds Söhne, die sich immer so auffallend willig am Vorbereiten des Mittagessens beteiligen lassen, wenn sie manchmal sonntags, allein oder mit Freundin, zum Vater und dessen Freundin zum Essen kommen. Der Alte konnte sich nicht mehr lange an Birgit erfreuen. Einsam ist er eingeschlafen, in seinem Häuschen in Mössingen, der Geologe, inmitten seiner Vitrinen mit Steinen, jeder Fund etikettiert nach Fundort und Erdformation. Der Tod war gut zu ihm, hat ihn nicht leiden lassen. Ich hätte ihn öfter besuchen sollen, in den Ferien, an verlängerten Wochenenden, zusammen mit Birgit oder auch allein. Arnolds Mundwinkel senken sich herab, seine Lippen ziehen sich zusammen. Er spürt Kühle auf dem Hals und zieht die Decke zum Kinn. Die Bewegung verscheucht sein schlechtes Gewissen, die Erinnerung nimmt den Faden wieder auf. Wärmend kreist sie ihm durch den Körper, bis in die rechte Fußspitze. Bis in die Mundwinkel, die sich wieder zum Lächeln heben.

Mit schimmernden Beinen schreitet sie auf ihn zu und stolpert über seine Schuhgröße siebenundvierzig. Ob das Absicht von ihr gewesen war, darüber haben sie nie gesprochen. Seltsamerweise, will er denken, denn es gibt kaum etwas, worüber sie nicht reden oder streiten könnten. Absicht oder nicht – man muss nicht jedes Schächtelchen aufreißen, man muss nicht alles vom anderen wissen. Zuzutrauen ist ihr aber, dass sie zumindest halb bewusst über ihn gestolpert ist und ihn spielerisch unabsichtlich angemacht hat. Und wie er sich hat anmachen lassen! Von ihren anderen Reizen einmal abgesehen, hat allein ihr Lächeln sein Repertoire an Bereitwilligkeit bis zur Neige ausgeschöpft. Spitzbübisch, verzweifelt, unschuldig, durchblickend, wie sie ist, so lächelt sie. Stolpern war der denkbar beste Anlass, sich voreinander zu entschuldigen und für ihn die optimale Gelegenheit, eine fremde Person locker zu fragen, ob sie sich zu ihm an den Tisch setzen wollte, er lüde sie gern zum Kaffee ein, oder zu was sie wolle.

Was hat er sich sonst am Anfang gewunden vor den Frauen. Warum eigentlich, sie haben ihm doch nicht viel bedeutet. Vielleicht hat er sich ja genau deshalb, weil er sich das eingeredet hat, tief innen vor ihnen geschämt. Da steckte bestimmt schon immer seine Hoffnung, ein Paket, das fast nur aus Schnüren bestand. Verklemmt war er nicht, das nicht, aber verschlossen. Wie sein alter Freund Frederik war er nie. Der machte sich routiniert wie ein Pharmavertreter an die Weiber ran, Spezialität Schönheitspillen. Frederik und Doris sind schon eine Weile miteinander verheiratet. Wie lange, er rechnet nicht nach. Als die beiden einander ihr Jawort gegeben haben, war er zur Verwunderung aller allein auf dem Fest erschienen, das weiß er noch. Mal wieder getrennt, er und Birgit. Warum nur, warum immer diese zermürbenden, quälenden Trennungen.

Arnold weiß es. Panik. Eine wilde, unberechenbare, um sich schlagende Angst. Panik braucht etwas, das sie auslöst. Birgit. Birgit, die sich ganz normal verhält. Sie will wissen, was er über dies und jenes denkt. Sie bittet ihn, Spaghettiwasser aufzusetzen. Wenn sie auf die Idee kommt, mal etwas Raffiniertes zu kochen, was nicht allzu häufig der Fall ist, fragt sie ihn, wann sie mit ihm rechnen kann. Sie fragt ihn, ob er Kinokarten bestellt hat. Sie sieht ihm an, wenn er müde ist. Sie verteidigt ihn, wenn er schlecht gelaunt ist, etwas Unangebrachtes sagt, sich lächerlich macht. Ihre Achtung vor ihm konnte ihn jäh, für sie völlig unerwartet und erschreckend, in einen Zustand von Raserei bringen. Er war darin geübt zu vermeiden, jemandem näher zu kommen. Liebe, eine Sache für Weicheier. Die Frau, die ihn liebte, musste einen Knall haben. Sein Fundus an Argumenten für seine Immunität gegen Liebe war unerschöpflich. Für seine Ansprüche, sich als Mann zu fühlen, reichte es aus, wenn Frauen ihn gut aussehend fanden und mit ihm ins Bett gingen, vorher oder nachher ins Kino, ins Theater und so weiter, und das gängige Programm jeweils ein paar Wochen, ein paar Monate lang. Birgit hatte keine Ahnung, wie gründlich sie ihn und seine Programmierung durcheinanderbrachte.

Dass er dann seine in Schüben auf ihn einschlagenden Panikanfälle ausgerechnet an ihr ausgelassen hat, dem Menschen, der ihm am nächsten, ja, am liebsten ist, nah und lieb wie seine Kinder, nur eben auf andere Weise, weiß er, seit ihn Birgit zur Paartherapie gezwungen hat. Ich liebe dich nicht, hat er ihr einmal an den Kopf geworfen, als er sich nur von ihrer dunklen Stimme gestört fühlte. Sie klingt überhaupt nicht wie die einer Frau, die sich anlehnen will. So gar nicht weibchenhaft auf ihn als Arnie fokussiert. Birgit ist selbstbewusst. Sie hat Selbstvertrauen bis in ihre Stimme hinein.

Deswegen hat sie ihm seinen Aufschrei, ich liebe dich nicht, einfach nicht geglaubt. Sie ist zwar wütend mit ihrem Laptop weggelaufen und hat mit der Tür geknallt, aber nach ein paar Tagen ist sie wiedergekommen. Kein Wort. Mehrere wortlose Tage vergingen. Er hat im Bett geschlafen, sie in ihrem Arbeitszimmer. Dann hat er gekocht. Was schönes Schwäbisches. Dazu Champagner vom Feinsten. Den hatte er vorsorglich besorgt. Liebe geht durch den Magen, hat sie gesagt und gelacht und das Glas gehoben. Endlich. Das nächste Mal, als er sich wieder grundlos von ihr bedrängt fühlte, hat sie ihm die Pistole auf die Brust gesetzt. Entweder Paartherapie oder Schluss. Dieses Mal wirklich. Aus Birgits Mund war das kein Schuldgefühle machendes Geschluchze, es war ihr ernst, das wusste er.

Wie hat er es gehasst, mit ihr da hinzutrotten zu dieser mild und wissend lächelnden Dame. Birgit hat er gehasst, weil sie ihm zugemutet hat, was hinter dem Lächeln der Paartherapeutin auf seine Selbsterkenntnis wartete. Was es war? Sein Eigentum. Sein persönlicher Schmerz. Kein Muskelschmerz. Kein Bauchschmerz. Sein eigener eingebohrter Seelenschmerz. Die Schnüre um das Paket. Abgeblockt hat er, nicht hingehört, demonstrativ auf den Boden gestarrt, aber das hat er dann doch herausbekommen. In ihm steckt eine Menge Selbstverachtung und die Frage, woher die rührt, die hat er auch vernommen.

Ein Warngerät für seine Ausbrüche, so was hätte es von Anfang an mit ihr geben müssen. Dann hätte er sich rechtzeitig in eine Ecke verzogen und seine Angst und Selbstverachtung ausgekotzt. Wie lange ist es her seit seinem letzten Anfall von Erstickungsangst? Fünf Jahre mindestens. Mitte fünfzig musste er werden. Seitdem ist er so gut wie clean. Auf jeden Fall hat er sich jetzt besser im Griff und muss Birgit nicht mehr mit seinen Altlasten behelligen. Wie es dann auch mit seiner Frauenabstinenzphase vorbei war, als sie über ihn stolperte. Ob in seiner Einladung ein Stück Torte inbegriffen wäre, fragte sie. Nur, wenn Sie mir Ihren Namen sagen. Birgit, sagte sie und er fand, ihr Name höre sich eher blond an, dann sagte er ihr seinen Namen, dessen Klang, konterte sie, eher zu einem dunkelhaarigen Typ passte. Sie lachten, dann wurden sie ernst und sahen sich zu lange in die Augen. In dem Augenblick baute sich zwischen ihnen etwas auf, das nicht mehr kaputtzumachen war.

Sie trank Milchkaffee, mampfte Torte und erzählte mit vollem Mund, sie schreibe gerade für eine Berliner Tageszeitung, für welche damals, weiß er nicht mehr, eine Rezension über eine Kunstausstellung, drüben, in Ostberlin. Seit sie nach acht Semestern Germanistikstudium ihre Ausbildung auf der Journalistenschule in Hamburg abgeschlossen hat, das war damals drei, vier Jahre her, schrieb und schreibt sie bis heute für mehrere Zeitungen, auch Zeitschriften Kolumnen, Rezensionen, alles Mögliche. Sie schreibt über Kunst, Politik, Frauen, Gesellschaft, Soziales. Er liest gern, was sie schreibt, nicht nur, weil es von ihr ist. Sie schreibt anspruchsvoll, fast schwafelfrei. Unterhaltend.

Sie beklagte sich über die Grenzformalitäten. Fast reingekrochen wäre der Grenzer in ihren Presseausweis. Mit widerlicher Gründlichkeit, so drückte sie sich aus, Arnold hat sich das gemerkt, weil es ihm gefiel, hätte der in ihren Personalien rumgestochert. Sie trug ein Hemdchen mit Spaghettiträgern, er ahnte die Andeutung ihrer Brustwarzen unter dem Stoff und sie ahnte nicht, dass sich in seiner Hose heftig etwas regte. Er musste mit dem Stuhl näher zum Tisch rücken, damit er seine Erregung vor ihr verstecken konnte. So hat er bereits in der ersten halben Stunde erfahren, dass sie Journalistin ist, freie Journalistin, und er hat ihr daraufhin ungefragt verraten, was er machte, damit die Berufsfrage abgehakt werden konnte. Ich bin Lehrer. Realschullehrer für Mathematik und Deutsch. Deutsch fand sie gut. Mathematik, sagte sie, ist mein Hassfach. Erbsen zählen, Sterne vermessen, nee. Dann sind Sie Beamter? Fiel ihr ein zu fragen, mit einem Grinsen. So konnte er ihr unverblümt antworten, jawohl, Beamter, also eher auf der sicheren Seite. Sommer neunundachtzig. Er war gerade vierzig geworden und als sie, pathetisch gesagt, in sein Leben trat, war er gerade dabei, sich im Kopf Notizen zum Fortlauf des Theaterstücks zu machen, das er mit Freiwilligen der achten, neunten und zehnten Klassen in der Theater-Arbeitsgemeinschaft erarbeitete und probte. Notizen, die sie dann so oft gemeinsam sammelten. Sie hat seine Theaterarbeit, zu der auch gehört, die Stücke mit den Schülern zu verfassen, mit ihren Ideen bereichert und dazu beigetragen, dass er nicht aufgehört hat, seine Dramaturgin.

Einundzwanzig Jahre. Davon mindestens zwanzigdreiviertel Jahre zusammen, trotz der Zwischenfälle. Ja, es war von Anfang an eine feste Beziehung. Ein paar Jahre haben sie sich an den Wochenenden und einen Abend, eine Nacht unter der Woche gegenseitig besucht, dann ist sie zu ihm gezogen, in seine Wohnung. Morgen, nein, heute um zwölf Uhr dreißig kriegen wir es amtlich.

Die Frau neben ihm im Bett, die sich etwas lauter atmend, beinah seufzend zu ihm umdreht, als ahnte sie im Schlaf, was ihrem Bettnachbarn durch den Kopf kreiselt, die ihren schlafenden Arm jetzt auf seinem Magen ausbreitet, dass er sich belastet fühlt und den Arm vorsichtig wegschiebt und zwischen seinem auf dem Rücken und ihrem auf der Seite liegenden Körper einen Platz finden lässt, woraufhin sie sich samt Arm gleich wieder von ihm wegdreht – sie ahnt es nicht einmal, dass er jedes Mal, wenn er seine Trennungswütereien rausgelassen hatte und sie wütend und traurig zu ihrer Freundin Luise gelaufen war und bei ihr zwei, drei Nächte Quartier fand, dass er jedes Mal, wenn er alleine war, sich ihr so nah fühlte, als wäre er schwanger mit ihr.

Der Schlussstrich. Die Institutionalisierung. Das Papier. Aber sie behält ihren Namen.

Nebeneinander, beieinander, miteinander. Birgit und Arnold. Er könnte sich auf die Seite drehen, den linken Arm auf ihren Körper legen, auf ihre Hüfte. Sie würde es gar nicht merken, sie schläft wie ein Kind. Was aber soll auch sein linker Arm jetzt bei ihr, der soll gefälligst bei ihm bleiben, so wie der ganze Arnold in seiner Unfähigkeit einzuschlafen mal wieder dicht bei sich selbst bleiben will. Ohne einen Gedanken oder ein Gefühl in die Richtung, dass sie oder sonst jemand ihm Egoismus vorwerfen könnte.

Er kann ihr Gesicht nicht sehen, auch dann nicht, wenn er den Kopf zur Seite drehte und die Augen öffnete. Ihr Mund mit den im Schlaf aufgeworfenen Lippen, der dunkle Bogen ihrer Wimpern, ihr süßes Schlafgesicht ist von ihm abgewandt. Durch den festen Stoff des Fenstervorhangs dringt, er spürt es durch die Augenlider, ein wenig Licht von der Straße. Er ahnt Birgits leicht lockigen Schopf, der in den Jahren grau geworden ist, ein bestürzend attraktives Grau, das fast noch attraktiver als das schwarze Haar ihr Gesicht mit den hohen Backenknochen betont, ihre brünette Haut. Sie braucht ja nur das Wort Sonne zu denken, schon ist ihre Haut braun. Dunkelgoldbraun.

Meine Frau, denkt Arnold und ertappt sich dabei, sich der Redewendung zu genieren wie auch dann, wenn er mit Kollegen nach Schulschluss essen geht und im Zusammenhang mit dem Gespräch »seine Frau« erwähnt. Er könnte auch nicht mit Sicherheit sagen, wird ihm bewusst, ob er sich gerade glücklich fühlt, erleichtert ist wie jemand, der etwas lange Anstehendes in ein paar Stunden abhaken wird – oder nur resigniert. Für keines aus diesem Angebot denkbarer Gemütszustände könnte er sich verbindlich entscheiden. Muss er ja auch nicht. Aufgeregt ist er, so viel steht fest, und er kann nicht einschlafen.

Er spürt ein Zucken in seiner Brust, als wollte er weinen. Er schluckt. Er kommt nicht weg von seinen Gedanken an die Frau neben ihm, Birgit, die er so lange kennt, einundzwanzig Jahre, und die er noch immer nicht auswendig weiß. Er weiß sie einfach, warum also darüber nachdenken, wie gut oder weniger gut er sie weiß. Er muss doch seiner Leistung in den Fächern Birgit, Frau, Geliebte keine Zeugnisnoten ausstellen. Er weiß diese Frau, ob er sie nun vor Augen hat oder nicht, ihre Stimme hört, ihren Duft riecht, oder nicht. Er sieht sie im Arbeitszimmer am Schreibtisch schreibend und nachdenkend im Schreiben innehaltend vor ihrem Laptop sitzen und er weiß schon aus der Haltung ihres Rückens, ob sie nicht gestört werden will oder ob sie es mögen würde, wenn er sich jetzt von hinten anschliche, sich zu ihr herunterbückte, den Arm um sie legte und ihr irgendwas Banales ins Ohr flüsterte. Er weiß ihren Körper, die Kuhle zwischen ihren Schenkeln, wenn sie auf der Seite liegt, er weiß die Lippen unter ihrer schwarzen Scham, die feucht werden, kaum dass er sie mit seinen Fingern, seiner Zunge anrührt, ihre Schamlippen, freudig und sehnsüchtig, ihn in ihren Schoß hineinzulassen, ihn aufzunehmen, herzugeben, wieder und wieder, er weiß die Haut ihres kleinen Bauches, die sich seit einiger Zeit, sie ist mit ihren einundfünfzig Jahren und beginnenden Wechseljahren auch nicht mehr die Jüngste, ein ganz klein wenig müde zur Seite senkt, er weiß ihre Brüste, wie sich die eine willig auf die andere legt, wenn sie auf der Seite liegt, und er weiß, wie ihn diese sanfte Form reizt, ihre Weichheit fester werden zu spüren, wenn er den Schatz in die Hände nimmt, greift, ihn packt und gierig auskostet mit seinen Lippen, seinen Händen, seinem Kopf, seinem Schwanz. Mit Birgit schlafen, das war eine lange Zeit wie fressen, saufen, laut schlürfen, manchmal auch wie mit Besteck ein Menü aus vielen Gängen langsam und genüsslich verzehren; sie möge ihm bitte den Vergleich mit Essen verzeihen. Sie hat ihn doch auch mit Haut und Haar und Schweiß und Speichel und Schleim gefressen, wenn sie beide vor Lust nicht mehr wussten, wo anfangen, wo aufhören und wie in ihre Mitte zurückfinden.

Er denkt in der Vergangenheit, merkt er. Nein, es ist durchaus nicht vorbei, ist nur etwas stiller geworden. Der Rosenstrauß fällt ihm ein. Dreißig langstielige rote Rosen. Sie hat jeden Stiel mit dem scharfen Messer angeschnitten, ehe sie eine Rose nach der anderen in die große, hohe, mit lauwarmem Wasser gefüllte Glasvase stellte und die schwere gefüllte Vase auf die Kommode unterm Bücherregal wuchtete. Die Rosen haben ihre Frische ungewöhnlich lange behalten, jeden Morgen waren sie etwas weiter geöffnet, bis es weiter nicht mehr ging und sie dann in ihrer vollen Entfaltung anfingen zu trocknen. Sie standen beide vor den Rosen und überlegten, wie man dieser Pracht sprachlich gerecht werden konnte. Sie kamen auf Samtkrinolinen von unten. Das Wunderwerk hängt erblasst und etwas angestaubt an roter Kordel in der Küche, vor der zugemauerten Tür zur Nachbarwohnung. Sie beide aber sind in ihrer Liebe nicht vertrocknet, etwas blasser nur, mit der Zeit.

Er weiß alles von ihr. Er kennt alles von ihr. Alles. Seine Augen, seine Ohren, seine Nase, jeder einzelne Finger beider Hände weiß und kennt jede Pore ihrer Haut, jede Falte, jede Vertiefung, jeden Geruch ihres Körpers, jeden Zwischenton ihrer Stimme, die weichere Form ihrer Arme und Schenkel. Arnold weiß das alles, und doch.

Er atmet tief aus halb geöffnetem Mund und merkt, wie er den Kopf auf dem Kopfkissen hin und her dreht, als schüttelte er ihn. Und doch. Wenn er und sie, wenn ihre beiden Körper einander so nah kommen, wie es näher nicht mehr möglich ist, wenn sie ihr Innerstes voneinander trennen und beieinander liegen, erst verschlungen, nach einer Weile etwas abgekühlt nur noch an den Händen verbunden, wenn sie dann auch die Hände voneinander gelöst haben und schließlich sogar Rücken an Rücken liegen – kommt mit der einst wilden, heute eher leisen

Innigkeit der Erschöpfung noch jedes Mal das Gefühl zu ihm, er wisse nichts von ihr. Es ist ein unverschämtes Gefühl. Überflüssig ist es, heuchlerisch und verlogen und nur deshalb in seinem Kopf, weil er es so braucht. Es überkommt ihn auch jetzt, während er unbewegt, nur atmend daliegt und an sie denkt, an Birgit, die ahnungslos neben ihm schläft.

Meine Frau. Ihr Mann. Passt das zu uns? Er überlegt. Die Frage verliert sich ohne Antwort an die Ahnung, letztendlich allein zu bleiben, wie sicher man sich das Zusammenleben auch eingerichtet hat, um zusammen zu bleiben, zusammenzuwachsen. Die halbe Erkenntnis schmerzt ihn und tut ihm dennoch wohl. Das kann beides in einem möglich sein, der Schmerz darüber, niemals gänzlich zu verschmelzen, und die Erleichterung, bei sich selbst zu sein und zu bleiben. Wie auch jetzt.

Er, Arnold, sie, Birgit, beide von Anfang an selbstständige Leute. Autarke Existenzen. Er braucht sie nicht und sie braucht ihn nicht, bisher jedenfalls und hoffentlich noch eine ganze Weile. Wenn sie Fieber hat, macht er ihr Wickel und bringt ihr zu trinken. Wenn er stark erkältet ist, lässt sie ihm ein Bad ein, klar. Als er beunruhigend häufig pinkeln musste und um seine Prostata fürchtete, hat sie ihn zum Arzt geschickt und freute sich mit ihm, dass es nichts Ernstes war. Aufpassen muss er auf sich, sie erinnert ihn daran. Aber wenn sie klamm ist, kommt sie nicht zu ihm. Die Wohnung gehört ihm. Lächerlich, jetzt an solche Lappalien zu denken.

So viel nur trotzdem noch, sie heiraten morgen, nein, heute, sie tun beide den Schritt in die Aktenkundigkeit, damit sie abgesichert ist, falls er vor ihr sterben sollte. Er ist ein paar Jährchen älter als sie. Zwölf Jahre. Die Idee mit der Eheschließung ist aber von ihm, Arnold, gekommen, nicht von ihr. Er verkneift sich ein leises, triumphierendes Auflachen. Er war es doch, der immer weg wollte!

Er kann nicht aufhören, daran zu denken.

Er zählt nach. Vor achtzehn Jahren. Sie hatten die unerhört glückliche Erkundungsphase der ersten Zeit hinter sich. Da wollte er das erste Mal weg. Herbst war. Seine Mutter war im Herbst vor achtzehn Jahren gestorben, sein ältester Sohn hatte gerade Abitur gemacht. Abschied lag in der Luft. Vielleicht hatte er sich von diesen Endgültigkeiten anstecken lassen. Die Mutter in den Tod, der Sohn ins Leben, die Blätter von den Bäumen und er, Arnold, in die Freiheit. Frei, ungebunden, keine Verpflichtung außer für seine Kinder. Das war es, was er wollte. Seine ganze eigene Kindheit und Jugend, gekettet an Forderungen und Gebote von allen Seiten außer vom Vater. Das macht man nicht, nimm dich zusammen, popel nicht, knabber nicht, red nicht so laut, trag anständige Sachen, komm essen, tu mehr für die Schule, komm mit in die Kirche, halt die Hände zusammen. Mal ein anerkennendes Wort? Nur vom Vater. Zu ihm fuhr er mit dem Fahrrad, so oft er nur konnte. Vater sagte: Lass die meckern, du bist stark. Viel mehr solcher kleinen täglichen, stündlichen, hochtönenden Aufforderungen könnte . er aufzählen, die sich alle zusammen zu einem Strang winden ließen, einer Art Hundeleine. Frauen waren das Muster auf diesem Strang, der ihn an ein Leben anleinen wollte, das alle führten, das Leben, das sich gehört, das gehörige Leben. Darum war so lange keine Frau wichtig für ihn, der sich verändern, der klüger, besser, vernünftiger werden will, keine war die Richtige, aber was soll das schon heißen. Keine war gut für ihn. Kompatibel trifft es am besten. Und wenn es noch so heiße Bräute waren. Er war ihr Arnie, der große, kräftige Kerl, gut siehst du aus, wie oft hat er sich das sagen lassen, also war da wohl was dran.

Er dreht seinen Kopf zu Birgit hin.

Monika, denkt er, Fritzens und Uwes Mama. Die Mutter seiner Söhne, ausgerechnet sie war am allerwenigsten kompatibel mit ihm, seinen Gedanken, seinen Interessen, nicht einmal mit seiner Segelleidenschaft. Scharf auf ihren Arnie war sie, hat ihm auch von Anfang an nichts anderes vorgemacht, außer vielleicht, dass sie sich als Verkaufsstellenleiterin eines Konfektionshauses durch einen wie ihn zusätzliche Versorgung und Absicherung versprach. Anfangs hat ihm ihre Unersättlichkeit gefallen. Ficken, im Badezimmer, auf Fußböden, auf allen Tischen, im Treppenhaus, vor der Spiegelkommode. Da sah er im Spiegel ihr gieriges gefräßiges geiles Gesicht. Hat sie ihn, Arnold überhaupt gemeint? Es hätte auch ein anderer potenter Kerl sein können. Aber er war ja auch ein anderer, der Arnie war er. Arnie von der Seite und von hinten und von vorn. Weil Monika ihn für ihre Gelüste benutzen konnte und er sie bediente, war sie ihm dankbar. Monikas Dankbarkeit garte in den Töpfen, lag auf seinem Teller, schwamm in seiner Kaffeetasse, war in der Bettwäsche zu riechen. Sie war ihm dankbar, dass er nicht nur nichts dagegen hatte, sondern es selbst auch ganz gut fand, sie zu ficken, so oft es ging. Sie war süchtig nach ihm. Ihre Blicke auf seinen Schwanz in der Hose, ihre auf den Lippen leckende Zunge haben ihn abgestoßen und ihn auf pornohafte Weise geil gemacht. Bevor die Kinder da waren, während der Schwangerschaften, da sogar noch mehr, und als die Kinder auf der Welt waren. Eine pflichtbewusste, beamtenhafte Geilheit. Einen geilen Kerl auf Lebenszeit wollte Monika. Er ist ausgestiegen, hat gekündigt. Dass ihr Begehren ihn anekelte, dass er sich vor sich selbst ekelte, er sich aber, ein paar Jahre lang jedenfalls, trotzdem durchaus gern mit ihr zufrieden gab, hat ihn nicht nur im Nachhinein, sondern während der Zeit mit ihr daran zweifeln lassen, ein ernst zu nehmender Mann, ein Mensch zu sein. Kein körperliches Ekelgefühl, eher ein seelisches, und das kann nachhaltiger wirken. Frauen sagen doch oft, sie hätten für ihren Mann nur die Beine breit gemacht. Monika hatte für ihren Spaß mit ihm die Beine breit gemacht. Und er hatte es über sich ergehen lassen.

Nach der Scheidung von Monika brauchte er ein paar Jahre Luft zum Atmen. Luft für andere Sachen als immer das Gleiche, Geld verdienen, Familienleben, essen, ficken, schlafen. Luft für die Welt und sich selbst. Sabbatjahr, Segelschein, das eigene Segelboot. Die Jungs hat sie offiziell behalten, er hat die beiden damals wirklich nur ein paar Monate lang im Stich gelassen. Sie konnten zu ihm kommen, wann ihnen danach war. Birgit, obwohl sie vom Alter her nicht ihre Mutter sein könnte, hegte für die beiden von Anfang an ihre mütterlichen Gefühle, sie sind ihr beide lieb, an ihnen lässt sie, so gut und lieb und weich und kumpelhaft sie kann, alles aus, was ihr versagt geblieben ist, und sie nehmen es gern von ihr an. Bei der Abtreibung mit fünfundzwanzig war etwas falsch gelaufen. Sie hatte es ihm anvertraut, als das Thema darauf kam. Sie hat dabei so geweint, dass er dachte, sie stirbt. Menschen sorgen überall auf der Welt dafür, dass es ungerecht zugeht, aber die Wunden im einzelnen Leben müssten nicht sein.

Er will daran nicht denken, es denkt von selbst in ihm. Wenn sie sich laut und irrsinnig liebten, hat sie manchmal unvermittelt losgeweint, sie konnte gar nicht aufhören. Sie hat nichts gesagt, nichts erklärt. Sie hat sich noch weiter geöffnet für ihn, sich noch wilder bewegt, sie hat sich an ihn gekrallt und geweint. Er hat dann wahrscheinlich das einzig Richtige getan. Er hat sie geliebt. Ihr Gesicht hat er ganz fest, ganz dicht an seine Halsbeuge gedrückt. Ihre warmen Tränen. Die hat er lange nicht mehr an sich herunterlaufen gespürt. Es kommt vor, mitten beim Liebemachen, wenn sie einander streicheln, wenn sie ineinander sind, dass er bedauert, sie nicht mehr zum Weinen zu bringen. Seine Gedanken drehen sich noch eine Weile im Kreis, sein Bedauern verliert sich tief hinter der Stirn, wo ein Vorhang vor seinen Schlaf fällt.

Eine Berührung führt ihn zu einem Gemäuer mit hohen Fenstern. Er steht davor und befindet sich zugleich innen drin und hält sich die Hände über die Augen. Von kaputten Wänden fällt strahlendes Weiß auf ihn, durch die Fenster von innen und außen fließt goldenes Licht zu ihm. Er nimmt die Hände von seinen Augen. Birgit.

Birgit beugt sich über ihn. Ihr Mund streichelt über sein Gesicht, ihr Haar begleitet kitzelnd die warmen Lippen. Er fühlt sich wehrlos und stark. Sie sind beide ganz da. Es ist Morgen, es ist hell, ihm ist warm, es ist noch lange hin. Wohin? Aufs Boot. In die Dämmerung. Flaute, sie haben die Segel gerefft und sitzen einander gegenüber und schweigen in ihrem kleinen Boot mitten auf dem Schwielowsee. Ein Eichendorff-Gedicht fällt ihm ein, er traut sich, es leise zu deklamieren. »Dämm'rung senkte sich von oben …« Sie lauscht. Sie lauscht mit allem, was sie ist, seiner Stimme, dem schwindenden Licht, dem Wasser um sie herum, den aufblinkenden Sternen, den in Dunst gebetteten Bäumen am Ufer. Die Zeit hat sie losgelassen. Er öffnet die Augen, öffnet sich ihrem lächelnden Blick, ihren Händen, ihrer Zunge, ihrem Atem. Mit seinen Fingern, seiner Zunge, mit allem, was er in diesem Augenblick zur Verfügung hat, betastet und ergreift er die Schätze, die von ihm genommen, geraubt, genossen werden wollen. Endlich nimmt er sich selbst und legt sich groß und mächtig auf sie, seine Liebste, und wächst in sie hinein und aus ihr heraus und immer wieder in sie hinein, so lange, bis beide laut seufzen. Eine Weile liegen sie schwer atmend, begeistert verknotet, bis ihre Körper sich nach und nach voneinander lösen und sie nur noch an den Händen verbunden sind. Birgit lässt seine Hand los und beugt sich über ihn.

Sie lächelt ihn an. Zärtlich wie Rosenblätter. Glücklich wie ein Apfel im Gras. Wissend wie eine gute Hexe. Er atmet es ein. Eh er sich ganz darin aufgelöst hat, schmilzt das Lächeln in ihrem Gesicht. Ihre Augen verengen sich, die gespitzten Lippen verbiegen sich zu dem gaunerischen Grinsen, das eine unerhörte Nachricht ahnen lässt. Er wartet.

»Arnie«, flüstert Birgit.

Er zuckt von ihr weg. Verdammte Scheiße! Er schluckt. Der Bruchteil einer Sekunde schnürt zwanzig Jahre zusammen, bringt sie auf den Weg, auf den Rückweg. Ein Ruck und er sitzt auf der Bettkante, ist schon aufgesprungen, flieht aus dem Zimmer. An der Tür dreht er sich mit mahlenden Kiefern, knirschenden Zähnen, geballter Faust zu ihrem schallenden Lachen um.

»April, April!«, ruft Birgit, schüttelt die graue Mähne und streckt die Arme nach ihm aus.

Eine Entscheidung

Sie nahm den kleinen üblichen Anlauf und umarmte mich.

Und sie lachte. Ich konnte nicht anders, ich umarmte sie auch. Nicht aus Gewohnheit und nicht aus Gefälligkeit umarmte ich sie. Meine Arme lagen lang und schwer um ihren Rücken; mein Blut pochte in ihnen, als bestünde ich nur noch aus meinen Armen. Noch einmal spürte ich Ninas Wärme und ihre Magerkeit unter meinen Händen. Man kann mit Küssen Verlegenheit überwinden und sich wehren. Ihr Lachen war dicht vor mir, ich hätte es mit einem Kuss ersticken können. Laut, aufgeregt, albern fast war dieses Lachen, ein Schluchzen und Schreien, als würde sie gekitzelt. Ich hielt es aus. Ich hielt die ganze Person aus, fest hielt ich sie, ich weiß nicht, wie lange. Aber es war schon nicht mehr bei mir, ihr Lachen.

Nina nicht wiederzusehen, die Gewissheit von ihr angeboten zu kriegen, so ohne Vorbereitung, fast nebenbei, das ist ein starkes Stück, ein Hammer ist das, ich muss das erst mal auf die Reihe kriegen. Ihr Lachen und mein Würgen im Hals. So mir nichts, dir nichts, dachte ich, gerade mal eben rein zufällig entstehen Kinder. Höchstwahrscheinlich von mir. Kein Wunder. Und ich werde gar nicht gefragt, brauche nur abzutreten. Was will ich denn mehr? Ist doch alles in Ordnung!

Ich habe mich von ihr losgerissen und bin gegangen.

Wir gingen mal spazieren, Nina und ich. Das taten wir öfter, doch an diesen Spaziergang erinnere ich mich. Wir durchstreiften ein von meinem Planungsbüro entworfenes Neubauareal in Kreuzberg. Regen, kein vorteilhafter Rahmen zum Demonstrieren von Neubauten. Ich musste andauernd auf Ninas Gesicht herunterschauen. Ich wollte mich vergewissern, dass sie unterm Schirm keinen Regen abbekam. Das bildete ich mir ein, entspricht aber nicht der Wahrheit. Nina hätte sich von selbst gemeldet. Sie ist nicht so eine, die sich hinterher beklagt. Nina kann für sich selbst sorgen, wie man sieht. Ich sah auf sie herunter, weil sie mir so schweigsam zuhörte. Ich war dabei, ihr die Größe und das Konzept der Wohnungen zu beschreiben. Für dieses Wohnprojekt waren erstmals Einheiten für Wohngemeinschaften eingeplant. Es gab jede Menge zu zeigen, die bauliche Raffinesse der unauffälligen Tiefgaragen, die Vielseitigkeit der Spielmöglichkeiten, Kommunikationsplätze und derlei mehr Einrichtungen, wofür wir schließlich einen ersten Preis gewonnen hatten. Zugegeben, es sah alles noch ein wenig kahl aus; man kann schließlich keine Wälder umtopfen. Ninas Schweigen unter dem Regenschirm wirkte beklommen, fast aggressiv. Ein beharrliches Nichtsagen ging von ihr aus. Mein erstes fertiggestelltes Großprojekt war das und ich war es gewohnt, dass Leute in erstaunte Rufe ausbrechen. Ich hatte mit Nina nicht oft über Architektur ge-

sprochen. Sie hatte ihre eigenen Vorstellungen. Zum
Beispiel sprach sie nicht von *wohnen*, sie sprach von
leben. Sie hatte ihre Träume, die kleine Nina aus dem
Weddinger Hinterhofloch mit Klo eine halbe Treppe tiefer. Kein Miteinander ohne Geschichte, ohne
Entwicklung. Funktionalität war eine überflüssige
Kategorie für die Träumerin. Die Menschen dürften
nicht verlernen, einander anzusehen. Ja, sie schwieg
also und ich, ich wurde verlegen. Ich redete gegen
eine Membran, keineswegs gegen eine Wand; wenn
man das merkt, brauchte man ja nur aufzuhören. Vor
dieser Membran aber, diesem abweisenden Zittern,
verstrickte ich mich. Sie muss es gemerkt haben, wie
alle meine schönen Erklärungen auf Rechtfertigung
hinausliefen. Nina war mir nicht gleichgültig. Ich
wusste es nur nicht. Und dann sagte sie in den Regen
und in die frische Ästhetik der aufgelockerten Wohn-
türme hinein: »Hier wachsen Kinder auf.« Das war
alles, das war ihr Kommentar. Wir haben uns damals
ziemlich schnell und kühl verabschiedet und uns eine
ganze Weile nicht gesehen. Das ging bei uns. Alles
Erziehungssache.

Und jetzt sagt sie: »Ich krieg ein Kind von dir.«
»Höchstwahrscheinlich«, sagt sie, und: »Ich werde
es kriegen, weil ich es will«, sagt sie, und auch wenn
es von mir wäre, so hätte ich eigentlich nichts damit
zu tun, weil sie es so wolle. Schroff, sehr schroff für
eine Frau. Aber was will ich denn mehr? Kinder interessieren mich nicht. Eine elegante Lösung einer
unangenehmen Angelegenheit. Entspricht meiner

Begabung, Münzen so in die Luft zu werfen, dass sie auf Zahl zeigen.

Ihr kleiner drahtiger Körper an meinem, noch einmal. Wenn sie bei mir gebadet hatte, schritt sie in meinem für sie viel zu langen Bademantel durch den Flur. Stolz und berauscht. Und duftend. Jetzt hat sie ihre eigene Dusche. Auch hier kein Bedarf mehr. Wie sie mich da eben umarmt hatte und dabei lachte, drückte nichts mehr an ihr Hingabe aus. Nichts. Alles war Abschied, Erleichterung, Endgültigkeit nach der anderen Seite. Ich bin frei! Keinerlei Verpflichtung, nicht ein Hauch von dem erforderlich, was man Anstand nennt, nicht bei Nina. Das beunruhigt mich, ehrlich gesagt. Abschütteln, das war doch *meine* Spezialität bisher. Überhaupt, bisher war alles leicht für mich.

An meiner Wiege hat sie offenbar schon gelehnt, die unsichtbare Leiter. Meine Art, die Härte des Lebens – strapazierter Terminus meines Vaters – in Angriff zu nehmen, war anscheinend immer die gerade gefragte. Als die anderen noch mit Feuer spielten, baute ich schon meine Brücken und Türme aus Streichhölzern. Mit acht Jahren wusste ich, was ich werden wollte, und dabei ist es geblieben. Ich habe mich in die Probleme der Statik gekniet, während die anderen auf die Straße liefen und Parolen schwangen und die Kaputtheit der Gesellschaft kaputtschlagen wollten. Nina hat das nicht verstanden. Wenn alle so dächten und sich so verhielten wie ich, schimpfte sie, säßen wir heute noch in Steinhöhlen. Durch meine passive Haltung nutzte ich und ruhte mich darauf aus, was die Vordenker vor Jahrtausenden angefangen und seitdem weitergetrieben hätten. Die passiven Leute pervertierten den Fortschritt mit ihrer Kritiklosigkeit, weil sie nur an ihren eigenen Nutzen dächten. So Nina.

Jetzt bin ich zweiunddreißig. Bis vor einer halben Stunde war ich mir absolut sicher, was für einer ich bin. Jemand, der sich nicht festlegt. Positiv: ein Suchender, einer, der weiter will, der nicht stehen bleibt. Negativ: ein Flüchtender. Wovor ich flüchte? Vor dem Anhalten, dem Ausruhen. Ich halte es nirgends lange aus. Ich flüchte vor der Erschöpfung der Möglichkeiten. Ich will in Bewegung bleiben. Gefühle sind mir nicht unbekannt, aber sie müssen vorbeigehen. Mein Entzücken über die Schönheit einer wirklich schönen Frau ist doch auch ein Gefühl, oder? Die Freude über einen Brief meiner kleinen Schwester. Sie hat Vertrauen zu mir, das macht mich froh. Aber es haut mich nicht um. Traurigkeiten – nein danke. Für mich stand nie etwas still.

Nina ist entschlossen. Es gibt nichts zu rütteln. Ich sollte es nur wissen. Ich muss nun damit leben.

Als sie mich umarmt hat, das letzte Mal, und dabei dieses Lachen lachte, da wurde mir plötzlich etwas klar. Ihre neue Wohnung ist in der Düsseldorfer Straße. Mein Büro ist in der Uhlandstraße. Als sie mich anrief, um mir das mit der Wohnung mitzuteilen und mich um Hilfe beim Umzug zu bitten, hatte ich kein Gefühl von Störung oder Beunruhigung.

Ich fand es gut, war einverstanden. Keine Angst: Herrgott, nun wird sie dauernd antanzen, etwas von mir wollen – nichts dergleichen. Gefreut habe ich mich! Das wurde mir bei ihrer Umarmung bewusst. Es wäre zu spät gewesen, es ihr zu sagen, lächerlich wäre es gewesen. Ich bin durcheinander.

Das Ordnen wird mir schon gelingen, nur, wo ich die Scham unterbringen kann, weiß ich nicht. Ich finde kein anderes Wort. Ich fühle mich übergangen, ausgelassen. Habe ich denn gar nichts zu sagen? Eines von Millionen Spermien von mir hat sich mit einer Eizelle von ihr zusammengetan und wächst nun. Etwas wird herauskommen, was zur Hälfte von mir ist! Da wird jemand wachsen, herumlaufen, groß werden, der zur Hälfte von mir ist! Und ich werde nicht gefragt! Höchstwahrscheinlich, sagt sie. Egal, vom wem, es wird ihr Kind sein. Zum Zeugen gehören zwei. Das ist auch alles ganz logisch. Aber ich muss damit leben, dass ich weiß, da gibt es einen Menschen, an dem ich beteiligt bin. Ich werde wegziehen. In eine andere Stadt. Raus aus Deutschland.

Hätte ich diese Frau bloß nicht kennengelernt. Wie einfach war doch alles mit Ellen gewesen. Mit ihr war ich befreundet, als ich Nina traf. Was heißt befreundet. Ich kannte Ellen, wie man jemanden kennt, mit dem man ins Kino und essen geht, sich auf Partys zeigt. Ich fand mich irgendwo neben ihr, und irgendwann, wie es in unsere Terminpläne passte. Ich lud sie zum Essen ein, nachdem sie mich von einem Tripper befreit hatte. Unsere Berufe haben mit der Hülle zu tun. Meine Spezialität sind Wohnhüllen. Ellen verschrieb Tinkturen gegen Ekzeme. Über Zusammenhänge von Außen und Innen dachte Ellen nicht nach. Sie war außergewöhnlich schön; deswegen konnte ich ihr eine Weile nachsehen, dass sie sich vor so vielem ekelte, sogar vor der Tatsache, dass ich ein Mann bin. Als ich sie zum ersten Mal besuchte, stockte selbst mir der Atem. Ihre Penthouse-Wohnung war das Geschmackvollste, was mir je an Innenarchitektur begegnet ist. Ellens makelloser Körper rekelte sich auf dem Weiß ihrer Sitzlandschaft. Nie war ihr langes blondes Haar zerwühlt. Ihre verschiedenartigen Palmen wirkten wie teure Kopien von sich selbst. Wirklich, ich wagte eine unauffällige Berührung, um mich von der Echtheit der Pflanzen zu überzeugen. Ellens Bilder. Zeugnisse ihres spekulativen Geschicks. Drei Collagen von Vostell, beispielsweise, hingen nebeneinander an der langen weißen Wand, abends bestens ausgeleuchtet. Aber ich merke schon, wie ich ironisch werde.

Ja, Ellen war perfekt. Von ihrem weißen Alpha Romeo Coupé schienen die Schmutzspritzer der Straße abzuperlen. Ihre Lippen glänzten und versprachen so viel, aber ich habe Ellen niemals laut lachen gehört. Ninas Lachen … Nina und ihr Lachen, mit ihr fand man auch immer Gründe zu lachen. Sie macht mich auf die lässige Haltung aufmerksam, mit der eine korpulente Dame das Pinkeln ihres Hundes abwartet. Sie sieht absurde Zusammenhänge bei Schildern und schüttet sich aus vor Lachen. Konditorei Frischfleisch. Arno Schiele, Augenoptiker. Dass man sich nach Ellen und mir umdrehte, war uns selbstverständlich, es war uns, ehrlich gesagt, auch wichtig. Wir liebten uns, wie zwei einander Unbekannte sich lieben können. Konflikte waren zwischen uns überhaupt nicht möglich. Höflichkeit regierte unsere gegenseitigen Annäherungen. Woran waren wir eigentlich interessiert? Wir begehrten uns irgendwie, wir brauchten uns nicht. Wir benutzten einander. Zwischen uns war viel zu viel Ästhetik. Das Miteinanderschlafen war eine Gelegenheit zum Beschauen. Miteinander, ein Hohn, auf Ellen und mich angewendet. Es machte mich auf interessante Weise geil, Ellen beim Masturbieren zu beobachten. Wir pflegten uns gegenseitig vorzuwichsen, hoch über den Dächern von Charlottenburg. Zwei, drei Mal, und hinterher gingen wir ins Borbone und speisten, ohne uns auch nur einmal zugezwinkert zu haben. Unsere Gespräche bewegten sich um Geld, Reisen, Mode. Und um Prominente, die wir beide kannten. In dies Klischee von glatter Welt passt dann auch ausgezeichnet der Pharmazie-Firmenchef, mit dem Ellen jetzt verheiratet ist.

Als ich Ellen von Nina erzählte, verzog sie keine Miene. Ich erzählte ihr von einer Buchhändlerin mit wenig Brust und schmutzigen Daumennägeln. So nach dem Motto: Mal was anderes. Ich beschrieb Ninas Figur und ihre Bewegungen, die ich mit denen einer mageren Katze verglich. Woher hatte ich nur das Vorurteil, magere Frauen hätten trockene Haut und neigten zu Schuppenflechte? Vielleicht gab es da mal ein Au-pair-Mädchen, ich weiß es nicht mehr. Ninas Haut ist hellbraun und glatt. Ich erzählte Ellen nicht von Ninas Haut, nicht von ihren Augen und ihrem Lachen.

Mein Schamgefühl hat mit dem Lachen zu tun.

Wer bin ich? Jemand, der sich nicht festlegt. Das ist mir wichtig. Meine Scham bewegt sich irgendwo dort, zwischen dem Suchen und dem Weglaufen. Nina hat mich genau da angehalten, mit ihrem Lachen. Sie hat allen Grund, mich auszulachen. Das sind Selbstbezichtigungen, die mir nicht weiterhelfen. Ich bin Nina fünf Jahre davongerannt, wollte mich nicht festhalten lassen. Eingeengt, überfordert, ja gelangweilt fühlte ich mich von Ninas Anhänglichkeit. Ich glaube, sie hat dann aufgegeben, nach ungefähr einem Jahr. Da kam ich wieder, wenn auch in Abwehrhaltung, aber sie fasste nicht mehr nach mir, höchstens noch mit ihren Augen.

Merkwürdig, dass mir gerade jetzt die Erinnerung an Bruno kommt. Bruno war mein Hund. Er starb mir unter den Händen weg, an Rattengift. Ich hatte, elfjährig, zugesehen, wie er sich quälte. Damals muss ich beschlossen haben, nie mehr etwas an mich herankommen zu lassen. Als er endlich tot war, nahm ich meine Hand aus seinem Fell, ließ ihn liegen und rannte den weiten Weg bis zu der Brücke. Ich sah hinunter auf das glatte Kanalwasser, es war Sommer, und ich sah ein Blatt langsam unter der Brücke treiben. Das ist die Seele von Bruno, dachte ich. Sie treibt jetzt fort und nimmt alles mit, was ich ihr nicht gegeben habe. Wenn ich mal tot bin, dachte ich damals, werde ich mich in einen fliegenden Käfig verwandeln. Darin wird die Stimme meiner Mutter gefangen sein und ich, ich werde frei sein. Diese sinnlosen Erinnerungen. Ich sah dem Blatt nach, bis Blatt, Kanal, Luft und Himmel vor meinen Augen verschwammen, weil ich heulte. Es war das letzte Mal, dass ich weinte. Das erste Mal, das letzte Mal, meine Psyche kommt mir im Augenblick vor wie die Hahnenmentalität eines Westernhelden. Ich werde mich besaufen.

Aber was will ich denn, es geht doch eigentlich wieder alles ganz glatt. Die Komplikationen sonst, wenn der eine das Kind will und der andere nicht. Höchstwahrscheinlich, hat sie gesagt. Sie stellt fest, sie ist schwanger, beschließt, Mutter zu werden und teilt mir ihren Beschluss mit. Sie musste es mir sagen, weil wir Freunde sind. Sie musste es mir sagen, weil sie die Trennung von mir begründen muss. Sie musste es mir sagen, weil sie mich geliebt hat und weil ich – höchstwahrscheinlich – den männlichen Beitrag der Befruchtung geleistet habe. Ich weiß jetzt drei Dinge. Nina hat mich entlassen, Nina erwartet ein Kind, das Kind ist höchstwahrscheinlich von mir. Ohne meinen Beitrag, höchstwahrscheinlich, kein Kind, ohne das Kind keine Trennung von mir. Nina hat mal gesagt: »Deine männliche Logik kann erklären, warum Blumen aus Steinen wachsen, aber nicht, warum ich darüber weine.«

Von meiner Logik her ist alles einleuchtend. Das Kapitel Nina ist abgeschlossen. Sein Abschluss erscheint klar und vernünftig, zum Besten für die Beteiligten. Ich beginne zu begreifen, zu erfassen, dass das, was zwischen Leuten vorgeht, die Beziehung oder wie man es nennen mag, etwas selbstständig Existierendes ist. Eine Beziehung wird begonnen. Zwei oder mehrere sind an der Beziehung beteiligt. Sie steht zwischen den Beteiligten. Man *hat* sie nun, die Beziehung. Man hält an ihr fest. Man hält sie hoch. Ich kann sie hin- und herschieben, fallen lassen. Beziehungskiste, mir geht ein Licht auf. Immer wird irgendetwas mit der Beziehung gemacht, als wäre sie eine Sache, eine Kiste eben, nicht Teil von einem selbst.

Ninas und meine Beziehung ist nun abgestellt, nicht ich. Ich lebe weiter mit diesen fünf Jahren Nina in mir. Und ich weiß, sie kriegt ein Kind, das höchstwahrscheinlich ich gemacht habe. Meiner sogenannten männlichen Logik zufolge gehe ich wie immer nach Hause oder ins Büro vors Reißbrett oder in die Kneipe. Ich hebe meine Kaffeetasse mit derselben Handbewegung an den Mund, verhandle mit Kunden, setze mein bewährtes Verhalten ein, wenn ich Lust auf eine Frau kriege. Zwei Kleinigkeiten bringen mein Selbstverständnis durcheinander, spürbar nur für mich, zwei der Logik zufolge unwesentliche Bausteinchen werden die Reibungslosigkeit meines weiteren Funktionierens irritieren. Da ist die Scham, die ich offenbar nicht erklären und daher nicht einordnen kann, und da ist das Höchstwahrscheinlich. Doch halt, bedingt nicht das eine das andere? Das Höchstwahrscheinlich ist es, das mich beschämt ...

Meine Beziehung mit Nina war ein Spiel nach Regeln. Wenn du mich in Ruhe lässt, komme ich. Ich mag dich, aber tritt mir nicht zu nahe. Ich brauche deine Wärme, aber ich lasse mich nicht anbrennen. Ich bin gern bei dir und mit dir, aber nicht zu oft. Wir haben mit meinem Würfel gespielt. Der Würfel hat sechs Seiten. Was wir auch würfelten, immer: ABER. Es war mein Spiel, nach meinen Regeln. Nina hat nur mitgespielt.

Mit Ellen war es kein Spiel, kein ungeschriebener Vertrag. Ich brauchte mich gegen diese Göttin nicht abzugrenzen. Es gab keine Verlockungen, vor denen ich mich hüten musste. Unsere Beziehungskiste war ein komfortabler Kühlschrank, der sich ohne größeren Kraftaufwand woandershin schieben ließ. Das hinterließ keine Splitter, höchstens den Abdruck eines Modefotos. Eigenartig, nicht wahr, man sollte annehmen, gerade mit Frauen wie Ellen ließe sich spielen. Aber Ellen verkörperte selbst eine Art Spielregel. Ihr Gesicht, ihre Gestalt versinnbildlichten die Punkte zum Einhalten. Ihr Verhalten wurde von einer Ordnung reguliert und kontrolliert, die Missverständnisse ausschloss.

Gespielt wird, wo Ernst verhindert werden soll. Welch erkenntnisreicher Augenblick. Ernst mit Nina hätte geheißen, mich einzulassen auf sie, in sie, Nina aufzunehmen in mich, Vertrautheit und Verbindlichkeit zuzulassen. Mich selbst in die Beziehung zu sperren, hätte das geheißen. Nina besaß nicht den Würfel, aber den Schlüssel. Sie war alles andere als mein Typ. Nicht groß, ziemlich dünn. Kurze Haare. Nicht anschmiegsam, sondern auf ihre kratzbürstige Art anhänglich. Vielleicht lag das an ihrer spröden Stimme. »Da bist du ja wieder«, sagte sie und ich fühlte mich schuldig vor ihr.

Sie lehnte im Bierhaus, schicke junge Leute verkehren dort, an einem Stehtisch. Zwei Puppen, meine übliche Kragenweite, lümmelten sich da auch noch, verdrehten ihre hübschen Puppenaugen nach mir. Sie stand nur da, nippte an ihrem Weinglas und starrte andauernd auf ihre Uhr. Das reizte mich, der Kontrast zu den präparierten Mädchen, und es reizte mich auch, dass sie mich nicht zur Kenntnis nahm. Ich gab meinen Posten auf und pirschte mich durch das Getöse zu ihr heran. Die Puppen dachten nun, sie hätten's geschafft. Als ich bei ihr stand, merkte ich, dass sie einen Kopf kleiner war als ich, mindestens. Und als sie plötzlich lächelte, sah ich, dass ihre Augen mitlächelten. Ich musste mir eingestehen, dass mir warm wurde. Sie sagte, sie warte auf ihre Freundin und sie habe nicht gewusst, dass das so eine Anmach- kneipe wäre. Später gestand sie mir, dass sie es doch gewusst hat. Sie lebte erst seit ein paar Wochen hier in Berlin und sie hätte sich allein gefühlt. Auf die Uhr hätte sie nur aus Verlegenheit geschaut.

Ich schlief so gern mit Nina. Ist ja eigentlich ganz klar, dass sie auch mit anderen geschlafen hat.

Was verband uns schon? Nina hat mir immer Angst gemacht. Ihre Nähe entfernte mich von dem, was meine Stärke ausmachte. In ihrer Gegenwart wurde das alles unwichtig, was sonst für mich von Bedeutung war. Meine Stärke? Meine Unabhängigkeit. Ich bin nichts und niemandem Rechenschaft schuldig. Ich brauche niemanden. Ninas Vorhandensein, muss ich einfach zugeben, hat mich an Gefühle erinnert. Wie soll ich es klarer sagen? Es mag Leute geben, die Gefühle annehmen können, ich gehöre nicht zu denen. Gefühle zu haben, heißt schwach sein, und Schwäche lehne ich ab. Es kam vor, dass ich nicht einmal ertragen konnte, wie sie mich empfing. Sie wartet vor dem Büro auf mich, vertieft in die Auslagen des Schallplattengeschäfts nebenan. Ich bin erst halb aus der Tür, da bemerkt sie mich schon. Sie sieht mich an und dann, der Anlauf, ihre Heftigkeit, ihre Freude. Womit habe ich ihre Freude verdient? Ich konnte es nicht ertragen zu genießen, wie sie sich freut. Genießen macht mir Angst, Hingabe an fremde Gesichter, Blumen, ein Saxofonsolo. Hingabe an Augenblicke der Traurigkeit. Ich bin Frauen gewöhnt, die sich begehrenswert machen, die sich entziehen, auf eine Weise, auf die ich Einfluss habe. Selbst im Bett wusste ich, woran ich mit Nina bin, das hat mich verunsichert.

Sie spielte mir nichts vor. Sie war ohne Raffinesse. Warum fällt mir das alles jetzt ein? Ich will klarkommen und fange an zu schwärmen. Schwärme ich denn?

Im Grunde habe ich Nina nicht sonderlich begehrt. Ich war nicht richtig geil auf sie, wenn ich mit ihr schlafen wollte. Ich kann mir das nicht erklären.

Es ist vielleicht ein paar Monate her. Ein paar Monate ... Ich habe Nina nicht gefragt ... Lassen wir das. Nina blieb bei mir. Es war schon spät. Wochenende. Kino, Kneipe. Sie trank gern Gewürztraminer. Für mich war klar, dass wir miteinander schlafen. Aber sie wirkte abwesend. Wir lagen nebeneinander. Sie ging auf meine Annäherungen nicht weiter ein, streichelte mich nur. Nur, sage ich, nur! Sie streichelte mich nicht, um mich zu erregen; eher so, als wollte sie mich trösten. Ich aber, ich reagierte nur mit Lust auf ihr Streicheln, ja, nur, hier ist es angebracht. Trotzdem hielt mich etwas ab. Ich sah Nina an. Das war mal so ein lichter Augenblick. Ich sah sie an und sah sie ganz. Ihr Gesicht war von Traurigkeit bedeckt, das bildete ich mir nicht ein. Ihr Körper erinnerte mich an die Rehe von Franz Marc, ganz in sich selbst verschlugen. Das war einer der großartigen Momente, so ein Anfall von Klarheit oder Wahrhaftigkeit, wo man ausruft: Wie schön du bist! Oder: Ich liebe dich! Aber ich schwieg. Ich verkniff mir alles, was ich empfand. Ich fühlte die Gefahr der Auslieferung, der Endgültigkeit, ganz scharf spürte ich es. Was ich Nina in diesem Augenblick gesagt hätte, es hätte die Kraft der Selbstverurteilung gehabt, hin zu ihr, zu Nina. Und was tat ich, ich steckte wütend meinen Kopf zwischen ihre Schenkel und erteilte mir Absolution, und dann vögelte ich sie, als wollte ich mich umbringen. Ich gab ihr keine Gelegenheit, sich zu wehren. Als ich fertig war, stand Nina keuchend auf, schrie sie mich an: »Ich hasse dich und ich hasse mich auch!«

Sie glühte aus, zog sich an und ging. Sie kam zurück, weil das Haus abgeschlossen war. Sie zog sich aus und legte sich auf mich. Wir liebten uns und sie weinte. Ich drehte mich zur Wand. Wir haben nie darüber gesprochen.

Immerhin, Nina, ich weiß jetzt, dass ich ein Schwächling war. Ich weiß auch, dass ich im Nachhinein böse werde, wenn ich mir vorstelle, du schläfst mit einem anderen Mann. Dein Kind ist mit Sicherheit von mir. Was habe ich davon, es zu wissen?

Es ist dein Kind, du willst es so. Ich bin frei. Ich bin wieder frei. Es geht alles so weiter wie bisher.

Manchmal geschieht ja auch ein Wunder.

Vater

Was ein Vater sei, wollte er wissen. Peter hätte einen Vater. Das sei ein Mann. Ihm, Rolf, hätte Peter erklärt, dass das sein Vater sei. Aber was ist das?

Die Mutter blickte betroffen geradeaus, mit verkniffenem Mund. Der Sohn konnte nicht lesen, was im Gesicht der Mutter geschrieben stand. Er wunderte sich nur, warum sie so böse aussah. Ein Vater, dachte sie, das ist ein Schwächling. Jemand, der sich auch noch etwas darauf einbildet, ein Kind machen zu können. Ein Vater ist jemand, der es nicht für möglich hält, dass dazu zwei gehören. Vater ist jemand, der einer Frau ein Kind machte und vergeblich versucht, es ihr auszureden. Ein Mann, der ein Kind zeugte und zuschaut, wie es wächst, das ist ein Vater. Der es allenfalls draußen stolz herumzeigt und zu Hause die Mutter allein damit lässt. Ein Vater ist etwas vollkommen Nutzloses.

Es war Sonntagnachmittag. Paare mit Kindern spazierten vorüber. Väter schoben Kinderwagen. Väter hielten kleine Kinder an den Händen, trugen Kinder auf dem Arm. Väter lachten. Väter blieben stehen und erklärten. Väter kauften Eis. Junge Väter, ältere, lässige, elegante Väter. Sonntagsväter. Väter.

»Warte«, sagte sie, weil er sie von der Seite mit großen Augen ansah, »ich muss nur noch ein wenig nachdenken.«

Ein Vater ist auch ein Mann, der eine Frau liebt. Solange eine Frau und ein Mann einander lieben, glauben sie, durch dieselbe Brille zu sehen. Die Welt gehört ihnen gemeinsam. Ein Kind gehört ihnen auch gemeinsam und es gibt jedem die Möglichkeit, wieder eine eigene Brille zu tragen, ohne dass die Welt gleich auseinanderbricht. Ein Vater ist ein Mann, der sein Kind liebt, weil er seine Frau liebt. Aber ein Vater ist auch ein Mann, der sein Kind liebt, wenn seine Frau und er sich nicht mehr lieben. Also, was ist ein Vater? Ein Kind lieben, was heißt das?

Ein Mann, der ihr schon aus einiger Entfernung aufgefallen war, kam ihr zu Hilfe. Ins Netz ihrer Gedanken fiel das Bild eines konkreten Vaters. Er ging allein mit seinem Kind an der Hand, so allein wie sie, mitten unter den Sonntagsfamilien. Sie fragte sich, was er seinem Kind wohl sagte, wenn es von ihm wissen wollte, was eine Mutter sei. Er sah aus wie irgendein Mann. Breitschultrig, glattes Haar, Schnurrbart. Freundlich. Vorsichtig lächelten sie einander an.

Als er vorüber war, sagte sie zu ihrem Sohn:

»Ein Vater ist etwas ganz Ähnliches wie eine Mutter, nur, dass er ein Mann ist. Ein Vater will seinem Kind dabei helfen, größer zu werden. Er will sein Kind verstehen und alle Fragen beantworten. Ein Vater bringt seinem Kind bei, sich später im Leben allein zurechtzufinden. Er hilft ihm aber auch dabei zu erkennen, dass es niemals allein auf der Welt lebt! Er zeigt seinem Kind, wie es sich gegen Stärkere wehrt. Es soll selbst stark werden. Ein Vater hilft seinem Kind, so gut er kann. Ein Vater will, dass sein Kind es einmal besser haben soll als er selbst. Ein Vater ist wie eine Mutter. Er gehört zum Kind.«

Sie atmete tief und verzog ihr Gesicht zu einer kleinen, kindischen Grimasse. Allgemeinplätze!, dachte sie und hätte am liebsten geheult. Sie senkte die Augen vor der lachenden, zufriedenen Hundertprozentigkeit um sich herum. Dabei fiel ihr Blick auf ihren Sohn. Der machte ein ganz zufriedenes Gesicht.

Die schwebende Last

An einem Mittwochmorgen im November begegnet Leonhard Uhl auf dem Weg zur Arbeit einem Mann.

Es ist siebzehn Minuten nach acht. Acht Uhr sechsundzwanzig wird Leonhard im U-Bahnhof Sparkstraße in die Bahn Richtung Kranow steigen, nach acht Haltestellen Meraner Straße aussteigen, sich in Fahrtrichtung zum Ausgang begeben, drei Stufen auf einmal nehmend die Treppe hochspringen und im Eilschritt die Meraner Straße links herunter zur Arbeit laufen. Kundinnen, die um fünf vor neun bereits vor dem Salon Patrizia warten, zwei oder drei meist eher grauhaarigen Damen, wird Leonhard einen »Guten Morgen!« wünschen, »Bis gleich!«, die Tür aufschließen, drinnen mit einem reizenden Lächeln durch die Glasscheibe noch mal kurz abschließen und, »Hallöchen, Kinder, wieder der Letzte!«, seine Kollegen Ina, Carlo, Heinz, Lehrling Anja und Chefin Patti begrüßen, die am Kaffeeautomaten beieinander stehen, an Plastiktassen nippen und ihre Ansichten über dies und das austauschen.

Leonhards Arbeitstag beginnt um neun und endet um achtzehn Uhr, Pausen je nach Arbeitsbedarf und Absprache mit den anderen. Mittagessen gibt es zu extra günstigen Preisen im türkischen Restaurant nebenan; als Gegenleistung bekommen die Angestellten des Restaurants ihr Haar im Salon Patrizia umsonst gewaschen und geschnitten. Jeden Montag und zwei Samstage im Monat hat Leonhard frei. Seine Spezialität sind asymmetrische Kurzschnitte. Schema X hat keine Chance bei ihm. Jede von seiner Schere geformte Frisur hat etwas Eigenes, Besonderes; eine kleine Kreation. Haare schneiden liegt Leo im Blut, sagen seine Kollegen. Anja, der Lehrling, schaut ihm beim Schneiden zu, so oft sie nur kann, doch ehe er anfängt, muss sie Geduld haben. Leonhard betrachtet nicht nur das Haar, sondern auch den Kopf und das Gesicht seiner Kunden eine Weile mit zusammengekniffenen Augen, um sich ein Bild von dem Menschen zu machen. Ist er eher cool oder eher temperamentvoll, legt er Wert darauf aufzufallen, will er nur einen flotten, pflegeleichten, nicht ganz symmetrischen Schnitt? Solche berufsspezifischen und andere, eher intuitive, das Wesen, den Humor und, ja, sogar die politische Einstellung betreffenden Fragen tasten sich ihrer möglichen Antwort entgegen, ehe sich der Fragensteller und Meisterschneider Leonhard unmerklich zunickt, das Haar behutsam strähnchenweise abteilt und endlich seine Schere tanzen lässt. Einige Kunden wollen ihr Haar nur von Leo dem Künstler geschnitten haben und nehmen dafür Wartezeiten in Kauf. Davon abgesehen ist Leonhard nicht anders als seine Kollegen und die Chefin für alle Leistungen zuständig, die ein Damen- und Herrenfriseur in drei Lehrjahren beigebracht bekommt und für die er darüber hinaus nach fünf Jahren Praxis seine Meisterprüfung abgelegt hat.

Irgendwann wird er seinen eigenen Salon führen. Salon Leo Uhl. Er weiß es. Es wird sich herumsprechen, dass seine artistisch geführte Schere traurige Leute in glückliche und selbstbewusste verwandelt. Er muss nur aufmerksam sein für die Gelegenheit, die sich ihm eines Tages bieten wird. Wenn Leonhard daran denkt, wie viel im äußeren Leben an das Haben oder Nichthaben von Geld gebunden ist, steigt Wut in ihm hoch. Wäre nicht das Trinkgeld, könnte er seine Miete nicht bezahlen.

Seit über einem Monat lebt Leonhard in der neuen Wohnung. In der alten hat er es ohne Stefan nicht ausgehalten. Mit Stefan zu leben, dem zwanzigjährigen Hans Dampf in allen Gassen, war ihm unbegreiflich lieber als alleine leben. Es war gut, abends in die von Stefans Auffassung von Ordnung belebte Wohnung zu kommen und zu Hause zu sein. Eines Tages hat der Liebste seine Sachen gepackt. Weg war er. Ohne Stefans von den Wänden, vom Fußboden, aus allen Dingen sprühende Gegenwart fühlte sich Leonhard wie das Kapuzineräffchen, das mit großen Augen die Gitter seines Käfigs beglotzt. Er hat das spillerige Tier im Zoo lange beobachtet. Eine seltsame, ahnungsvolle Rührung war dabei in ihm hochgekommen. Die Haltung, der verlorene Blick, das war er selbst, etwas Verzweifeltes, etwas Gefangenes in ihm. Stefan war schon zu den Orang-Utans weitergegangen und lachte über die hingepflanzte Selbstverständlichkeit, mit der diese würdigen Herrschaften dasitzen, sich aufschwingen, woanders hinsetzen, genüsslich irgendwo kratzen und dabei beharrlich durch die Glaswand ihren Nachfahren zuschauen, wie sie Zähne zeigen und glotzen. Hast du mal Orang-Utans vögeln sehen?

Die gerade eben noch gemeinsam bewohnte und benutzte Wohnung, ein Käfig. Er, Leonhard, gefangenes Äffchen und Pfleger in einem. Was sollte er in dem breiten Bett gegenüber dem Kastanienfenster, ohne Warten auf Stefan, der mitten in der Nacht die Tür leise auf- und zuschließt, auf Zehenspitzen ins Schlafzimmer schleicht, sich leise raschelnd auszieht, sich zu ihm legt, seufzt, schnurrt und seinen Arm um ihn legt, was hatte er in dem Bett zu suchen ohne Stefans warmen Atem in seinem Nacken? Was auf dem Sofa, vor dem Fernseher, am Tisch, ohne Stefans fröhliche Stimme, seine Berichte vom Tag an der Uni, seine Bücher, seine Fragen, sein Lästern, sein »Alle Achtung!« oder auch: »Hier würde ich noch einen Akzent setzen!« vor der Collage, an der Leonhard gerade arbeitet. Die ersten Tage nach Stefans Weggang hätte er am liebsten im Salon übernachtet. Er hat sich eine andere Wohnung gesucht. Der Umzug war sein Schlussstrich. Aus. Ende. Auf ein Neues. Das Bett steht in einem ahnungslosen Schlafzimmer. Wenn er vom Bett aus hinausblickt, sieht er stumme fremde Fenster, keine mit Tauben bevölkerte Kastanie. Unter das Fenster im Wohnzimmer passt Leonhards Arbeitstisch samt allen Utensilien.

Leonhard kann offenbar die Schere nicht aus der Hand legen. Er benutzt eine Haarschere, um die für ihn interessanten Seiten aus Zeitungen, Illustrierten, Werbebroschüren zu bearbeiten. Eines seiner Themen heißt, naheliegend, Haare. Was Leonhard aus fotografiertem Haar mit Pinsel und Tapetenleim entstehen lässt – Urwälder, Landschaften, Ozeane, Himmel, Gestalten, Stillleben, Illustrationen für Träume und Wirklichkeiten –, man muss es sehen. Einige Haar-Arbeiten hängen im Salon Patrizia über den Spiegeln. Eine Kundin hatte sich in ein Bild verliebt, wollte es kaufen. Leonhard fiel kein Preis ein. Er hat es aus dem Rahmen genommen, in den Kniff einer Tageszeitung gelegt und der Dame überreicht. Am nächsten Tag lag auf der Kassentheke ein Briefumschlag mit seinem Namen. Eine Klappkarte. Dankeschön, Unterschrift der Kundin, zwei Hunderteuroscheine. Von dem Geld hat Leonhard seine Kollegen und die Chefin an einem Montag zum Italiener eingeladen.

Ein anderes bleibendes Thema, neben den sogenannten Momentgeburten, ist das männliche Geschlecht. Schauspieler, Sportler, Politiker, Tiere liefern unter vielem anderen das Ausgangsmaterial für Bilder, die von Macht und Ohnmacht erzählen, vom Doppelgeschlecht der Zerstörung, der Erscheinungen, die schön sind oder Schönheit nur vortäuschen. In einer seiner fantastisch ironischen Arbeiten sind, jedenfalls auf den dritten Blick, tatsächlich nur männliche Geschlechtsteile zu erkennen. Ehe man sie aber identifiziert, denkt man, hier habe ein Architekt mit Faible für Zwiebeltürme eine in einem imaginären

Sturm wogende Wolkenkratzerstadt entworfen.

Leonhard braucht die künstlerische Beschäftigung, die er sein Hobby nennt, in den freien Stunden und Tagen, er braucht diese Art von Arbeit, um seinen Beruf zu lieben. Er könnte sich keinen anderen Beruf vorstellen. Seine Mutter sagte zu ihren Freundinnen: Unser Leo muss Sänger werden, weil er als Junge und auch später noch dauernd gesungen hat. Zwei Mal den gleichen Song gehört, schon konnte er ihn nachsingen. Du hast Talent, sagte sie, bewirb dich. Wo bewerben, hat sie nicht gewusst und Vater ist auch nichts eingefallen. Jetzt singt er nur noch im Badezimmer und manchmal am Sonntag auf einer leeren Straße. Außer Friseur wäre für Leonhard noch Visagist in Frage gekommen. Nach der Schule hat er sich auf Ausschreibungen an zwei Theatern als Lehrling beworben, wurde aber abgelehnt. So hat sich Leonhard von Anfang an eine alle Zweifel einschließende, begeisterte Haltung zu seiner Arbeit als Friseur angewöhnt oder angeeignet, eine Haltung, die sich in wenigen Worten mit »Eigentlich ist doch alles Theater« umreißen lässt. Die Kunden spielen sich selbst, Hoffende und Begehrende, Leonhard mimt den einfühlsamen Gestalter; wenn die Prozedur vorbei ist, geben sich die frisch Frisierten glücklich und dankbar, als hätte er sie in Prinzen und Prinzessinnen verwandelt und er ist dann der demütig-stolze Zauberer. Gutes Theater, weiß Leonhard, macht uns, die Menschen, wahrer, als wir uns selbst im eigenen Leben sehen.

Wer seine Lieblingskunden sind, verrät er nicht. Einige Männer mögen seine Schwäche für sie im Spiegel ahnen. Die dunkel bewimperten blauen Augen ihres Friseurs, dem eine Strähne seines halb langen, lockigen Haars über die Stirn des gesenkten Kopfes fällt, lassen neben dem Prüfenden im Blick etwas geheimnisvoll anderes durchflackern. Das Einschätzen des Haarzustandes diente Leonhard momentlang nur als Vorwand für einen Genuss. Sehnsucht. Darin ein Schmerz, ein süßer, ganz leiser Ton. Die Gestalt, das Gesicht, der Augenausdruck des einen oder anderen Mannes haben Leonhard daran erinnert, dass es möglich wäre, glücklich zu sein.

Den Kunden bleibt verborgen, dass der hochgewachsene, schöne junge Mann mit den Künstlerhänden nicht alle mit gleich gearteter Aufmerksamkeit beschenkt. Auch zwischen Forster, dem Mathelehrer damals in der zehnten Klasse, und ihm, passierte mitten in einer Stunde zuweilen solch ein Moment, die unlösbare Augengleichung mit zwei Unbekannten, die erst, als die Schule längst vorbei und Leonhard im letzten Lehrjahr war, eine Zeitlang ihr Ergebnis fand. Ein paar Monate, genau genommen beinah ein ganzes Jahr lang lernte Leonhard von seinem ehemaligen Lehrer das Gefühl für ein Glück, das weiter und tiefer reicht als das Glück der angenehmen Erschöpfung. Das Glück mit Forster ist lange her. Leonhard lässt seine Gleichungen im Ungewissen, wo und wann auch immer er von seiner Gier nach einem nackten, heißen, fremden Männerkörper befreit

125

werden und dabei einer von vielen bleiben will. Eines Nachts ist er an einen Körper geraten, den er nicht loslassen wollte und der sich von ihm nicht loslassen ließ. Von ihm wollte er den Namen wissen. Stefan. Bewegung und Lächeln und Lachen und Tanzen, stilles und lautes Denken, eingewickelt in die zarteste und festeste Haut. An Stefan teilnehmen wollte Leonhard, sich ihm mitteilen mit Händen, Ohren, Augen, mit seiner Haut, seinen Gedanken. So war es. Nichts Böses fällt Leonhard ein, wenn er an Stefan denkt. Nur, dass es vorbei ist.

Ob nun aber irgendein Kunde seines Aussehens oder einer sofort erkannten gewissen Ähnlichkeit wegen sekundenlang Leonhards besonderes Interesse und seine Sehnsucht erweckt hat – jeder Mann, jede Frau genießt im Spiegel, noch ehe er mit der Arbeit beginnt, seinen weichen, ernsten Blick auf den Kopf, ins Gesicht, sein winziges, zustimmendes Lächeln, jeder und jede schaudert unter der Sanftheit, mit der die Hände des Friseurs das Haar, sofern ausreichend Länge vorhanden ist, anheben, es aufstrubbeln und, den Spiegel befragend, in eine mögliche Form schieben.

Leonhards Weg von der neuen Wohnung zum U-Bahnhof Sparkstraße dauert dreizehn oder vierzehn Minuten. Von Haus zu Haus braucht er etwa fünfzig Minuten, abends oft ein paar Minuten länger als morgens. Er bildet sich ein zu trotten, nimmt aber seinen Hin- und auch Rückweg mit Schritten, die man nicht anders als federnd nennen kann. Nach dem Aufstehen hat er geduscht, sich rasiert und gefrühstückt. Zwei Tassen Kaffee, zwei Croissants mit Butter und Orangenmarmelade. In der Küche hat im Gegensatz zur vorigen Wohnung ein kleiner Tisch Platz. Zwei Tassen Kaffee zu Hause, dazu die beiden Croissants, gestern Abend auf dem Nachhauseweg beim Bäcker in der Ulmer Straße gekauft, ein bisschen in der Zeitung von gestern lesen, das lässt sich Leonhard nicht nehmen, dafür steht er eine halbe Stunde eher auf, obwohl er im Salon aus dem schicken neuen Espresso-Automaten, an dem sich auch die Kunden bedienen dürfen, was meist mit höherem Trinkgeld belohnt wird, so viel Latte macchiato trinken kann, wie er mag. Ohne mein Frühstück, sagt Leonhard, bin ich nur halb. Seine Eltern wissen das. Sie schicken ihrem Eigenbrötler, der immerhin ein paar Tage im Urlaub und zu Weihnachten nach Hause kommt, ein bis zwei Mal im Monat ein Päckchen mit Espressokaffee, Butterkeksen und englischer Orangenmarmelade in der Dose, für seine Croissants.

Leonhard verlässt das Haus, überquert die Straße, geht links herunter zur Ulmer Straße, einer hektisch befahrenen Straße, auf der jeden Morgen zahllose Fußgänger unterwegs sind. Alle wollen, oder richtiger, sie müssen zur U-Bahn wie er, oder zur Bushaltestelle, oder zu ihrem Auto. Leonhard kennt niemanden, niemand kennt ihn, einige Gesichter erkennt er wieder, ohne wirklich hinzusehen, man geht aneinander vorbei. Er nimmt durchaus wahr, dass er angeschaut wird mit seinem Kaschmir-Gehrock für zwanzig Euro vom Flohmarkt, den er bei dem Herbstwetter endlich tragen kann, doch er lässt sich von bewundernden Blicken ebenso wenig aufhalten wie von einem Hündchen, den Schaufenstern der Herrenboutique und der Schuhläden, er tritt auch nicht in den Bäckerladen, aus dessen geöffneter Tür es verführerisch duftet, um sich mit etwas Leckerem für zwischendurch einzudecken. Nur manchmal, im Vorbeigehen, fokussiert sich sein Blick auf eine Frisur.

An der Ecke mit dem italienischen Restaurant wird Leonhard rechts in die Sparkstraße einbiegen. Da sieht er über den Zebrastreifen einen Mann auf sich zukommen.

Dunkelblondes, kurz gelocktes Haar. Keine Dauerwelle, kein bemerkenswerter Schnitt. Schlank. Vierzig, mindestens. Jeans, lässiges Jackett, langer, dunkelgrüner Schal. Der Mann geht nicht schnell und scheint doch auf Leonhard zuzustreben, als wollte er ihm, niemand anderem, etwas sagen. Aufgeschreckt, vielleicht nur angestachelt von einer plötzlich eingeschossenen Aufmerksamkeit, geht Leonhard auf den anderen zu. Nur ein paar Schritte, doch er meint den Menschen, der ihm da entgegengeht, zu sehen, als sähe er ihn ganz, und sich selbst sieht er auch, sein halbiertes Leben, die Hoffnung, es möge wieder ganz werden. Als wäre er eine Kamera, die sich für diesen unvorhersehbaren Moment scharf stellt und auslöst, nimmt er sich und den anderen wahr. Im Moment des Auslösens, während in ihm das Bild entsteht, rauscht von der Stirn bis in die Füße Wärme durch ihn hindurch. Wie von den ersten Sonnenstrahlen im Frühling spürt Leonhard Wärme im Bauch, im Hals, in den Händen. Den kenne ich, denkt er.

Als beide auf gleicher Höhe angelangt sind, wendet der andere den Kopf und sieht Leonhard an. Er muss seinen Kopf ebenfalls zur Seite gedreht haben, sonst hätte er den Mann, den erschreckend nahen Blick nicht bemerkt und auch nicht, dass er den Mann anblickt. Sowohl er als auch der andere haben einen Augenblick angehalten, um einander das Gesicht zuzuwenden und den Blick zu tauschen. Beide gehen weiter. Nach ein paar Schritten dreht sich Leonhard um. Der Mann ist stehen geblieben und sieht zu ihm.

Leonhard nimmt die Begegnung mit in die U-Bahn, die einfährt, kaum dass er den Bahnsteig erreicht hat. Er kann wieder einmal froh sein, einen Stehplatz und für seine rechte Hand ein Stück Haltestange ergattert zu haben. Eingequetscht zwischen fremden Leuten fährt er zur Arbeit und wundert sich. Normalerweise fühlt er sich jeden Morgen aufs Neue von der Enge bedrängt. Er weiß, das geht vorbei, doch er muss es acht Stationen lang aushalten. Merkwürdige, ekelhafte Gerüche gehen von manchen Menschen aus, von Männern meistens. Ein Strafspray gegen menschlichen Gestank griffbereit in der Tasche, fantasiert Leonhard. Ein Druck auf die Düse und Stinker steigen ohne Widerstand aus. Sitzplätze werden frei. Ein Mittel gegen allgemeine Muffigkeit, ein unhörbarer Klang, der den Leuten

Glanz in die Augen und Lächeln auf die Lippen zaubert. So etwas stellt sich Leonhard vor, während er den Hals lang zieht und die Nase nach besserer Luft suchend in die Höhe reckt. Reich sein, mit dem Taxi zur Arbeit fahren. Um fünf vor neun vor dem Laden dem Taxi entsteigen. Die verwunderten Blicke der wartenden Kunden lächelnd zur Kenntnis nehmen, mit einem Wink der rechten Hand grüßen und dann elegant den Salon betreten. Gar nicht mehr zur Arbeit fahren müssen. Chef des eigenen Salons sein und im gleichen Haus eine Dreizimmerwohnung besitzen. Irgendwann wird er das realisieren. Mit dreißig ist man noch nicht zu alt. Träumend bringt Leonhard seine Strecke in der brummenden, rumpelnden U-Bahn, im mechanisch überfreundlichen Ton der Haltestellen-Ansage, hinter sich, während sich Leute geduldig und resigniert an ihm vorbeischieben, aussteigen, einsteigen, er ein Stück zurück-, ein Stück vorrückt, den Mund verzieht, seufzt, die Stirn runzelt.

Wie jeden Morgen steht Leonhard auch an diesem Mittwochmorgen geklemmt zwischen stummen fremden Leuten, doch was ihn stört, hat sich davongemacht. Die Leute schweigen, weil sie dem Swingkonzert in seinem Inneren lauschen. Mit glänzendem Haar stehen sie andächtig um ihn herum. Das Licht der Neonröhren weicht die harten Schatten auf. Durch die sich öffnenden und schließenden Türen weht ein Duft. Die Kratzer an Fenstern und Wänden illustrieren den Anfang einer Geschichte. Und Leonhard, er lächelt. Lächelte er nicht, müsste er singen. *All you need is love, Love me tender, 99 Luftballons.* Seine Lungen singen, sein Herz singt, seine Hand an der Haltestange, die Hand in der Tasche des Gehrocks, seine Füße in den Sportschuhen singen. Was für ein Morgen, was für ein Leben! Alle müssten mitsingen.

Jetzt aber genug, denkt Leonhard, als er aussteigt. Er kann nicht anders als vier Stufen auf einmal zu nehmen, die Meraner Straße entlangzuschweben und als verschwiegener Empfänger einer wunderbaren Aufregung sieben Minuten vor neun im Salon Patrizia zu landen. Bis auf kurze Pausen hat er den ganzen Tag zu tun, obwohl morgen, Donnerstag, kein Feiertag ist. Er strubbelt, schneidet, berät, mischt Farben, trägt sie auf, stellt die Einwirkzeit ein, wickelt und wäscht, plaudert in die Spiegel hinein, frotzelt mit Carlo, raucht mit der Chefin draußen eine von ihr spendierte Zigarette, verputzt auf die Schnelle mittags beim Türken Gegrilltes mit Salat. Bei allem ist ihm zumute, als nähme er vier Stufen auf einmal und sänge dabei.

Auf dem Nachhauseweg in der Ulmer Straße, kurz nach der Ecke Sparkstraße, nicht weit von der Stelle, wo sich am Morgen ein Wunder oder, falls Wunder zu hoch gegriffen sein sollte, zumindest etwas Wunderbares und Unbegreifliches ereignet hat, fällt Leonhard auf der anderen Straßenseite ein Lastwagen auf. Die Ladung ist ein gewaltiges, gelb gestrichenes Gerät, vermutlich ein nicht ausgefahrener Kran. Im grellen Licht der Straßenlaterne könnte es sich auch um ein geknicktes Rieseninsekt handeln. An der Seite der Ladefläche ist ein Schild angebracht. »Der Aufenthalt und Verkehr unter schwebender Last ist verboten«, liest Leonhard und prustet los. Ungläubig liest er noch einmal und lacht. Was da steht, passt ihm total in den Kram. Man hat den Lastwagen hier abgestellt, damit er, Leonhard, das Schild liest und die Warnung als himmlische Aufforderung deutet. Aufenthalt und Verkehr unter schwebender Last ist erwünscht, murmelt er kichernd im Weitergehen. Einige ältere Leute drehen sich nach dem jungen Mann um, der es wagt, mit sich selbst zu reden und vor sich hin zu lachen. Sie ahnen nicht, dass sie einer schwebenden Last nachblicken. Schwimmen fällt Leonhard ein, mal wieder etwas für meinen Luxuskörper tun. Die neue Wohnung hat ihr Gutes, denn die Schwimmhalle befindet sich nur zwei Bushaltestellen entfernt. Auf der Zehnerkarte, Geburtstagsgeschenk von Florian, sind noch acht Mal frei.

Im dunklen Treppenhaus, das für ihn noch immer hell genug ist, steigt er die zwei Treppen hoch. Ein seltsam ruhiges Haus. Hat er überhaupt schon mal einen Nachbarn gesehen? Am Tag des Umzugs, als er mit Freund Florian und Freundin Gisela Möbel hochschleppte mit den Geräuschen, die dazugehören, Stöhnen, Lachen und Bemerkungen, gingen ein paar Türen einen misstrauischen Spalt weit auf. Bei der Gelegenheit hat sich Leonhard als neuer Nachbar vorgestellt. Es schien die Leute kaum zu interessieren, sie schlossen ihre Türen gleich wieder.

Anscheinend wohnen nur Rentner hier.

Er schließt die Wohnungstür auf, knipst das Dielenlicht an und schaut sich in der Diele um. Drei Türen, zwei halb geöffnet, Kommode, Garderobenhaken mit ein paar Jacken und einem gestreiften Schal, eine langweilige Deckenlampe. Bilder hat er immer noch nicht aufgehängt. Auf einmal kommt in ihm so ein Gefühl hoch wie damals bei dem Kapuzineräffchen. Das Licht, das Weiß der Wände, die Tatsache, dass er hier zu Hause sein soll, alles um ihn herum will ihm sagen, dass er runterkommen soll, auf den Boden der Tatsachen. Da steht er doch schon lange. Leo der Friseur. Haarphilosoph nannte ihn ein Kunde, mit dem er nach dem Schneiden ins Gespräch kam. Es hat ihm gefallen, so genannt zu werden. Kunden glücklich sehen will er. Das Haar, sofern es einem auf dem Kopf wächst, gehört zum Gesicht, so wie das Gesicht zum Menschen. Zum ganzen Menschen, nicht nur zu dem, was sichtbar ist. Eine Frisur kann eine Maske sein wie ein Gesicht. Er schneidet das Haar so, dass es zum Gesicht hinter der Maske passt. Ein Mensch, ein attraktiver Mann, der energisch geht und einen grünen Schal trägt, hat ihn heute Morgen mit großen, ernsten Augen sehr genau angeblickt. Er lächelt in sich hinein. Ein fremder Mensch hat etwas gesehen, das gesehen werden will. Selten bemerkt es jemand. Er, Leonhard Uhl, ist mehr als ein funktionierendes Rädchen mit bestimmten Begabungen. Mehr als ein Körper, den man verlassen und gegen einen anderen Körper tauschen kann. Er zieht den Gehrock aus, hängt ihn an einen freien Haken. In der Küche ist Obst, fällt ihm ein. Er isst einen Apfel und eine Banane und trinkt Wasser aus der Leitung. Dann packt er Badehose, Handtuch und Duschzeug in seine Sporttasche, greift sich die wärmere Steppjacke vom Haken, zieht sie an, steckt das Portemonnaie ein und verlässt das Haus Richtung Bushaltestelle. Bis einundzwanzig Uhr dreißig ist geöffnet, weiß Leonhard. Er muss nur ein paar Minuten auf den Bus warten.

Ein duschender Mann starrt dem duschenden Leonhard gedankenverloren zwischen die Beine. Leonhard dreht sich zur Wand und zieht schnell seine Badehose an. Der Mann lächelt verlegen und murmelt etwas Anerkennendes. Leonhard springt ins Wasser, taucht hinein, taucht wieder auf, schüttelt seine Haare wie ein nasser Hund sein Fell. Er breitet die Arme aus, schwimmt, wie es sich gerade ergibt, hinter jemandem, neben jemandem, eine schwebende Last. Das Wasser spritzt, es gibt nach, es gleitet um ihn herum. Der gaffende Mann ist ein Schwimmender wie er und die anderen. Gesichter streifen vorbei, Blicke verlieren sich in Atemzügen, in der Bewegung von Köpfen, Armen und Beinen. Man taucht ins Wasser ein, hebt sich wieder heraus. Leonhard atmet. Er gleitet voran, weicht aus, krault, legt sich auf den Rücken, stößt sich ab, schwebt aus der Zeit heraus. Als er sich nach einer knappen Stunde vom Rand des Beckens hebt und zu den Duschen geht, kommt er sich vor wie einer, der allen Grund hat, sich gleich noch irgendetwas anderes Gutes zu tun. Gisela anrufen. Oder Florian. Oder beide. Ein Bier trinken, erzählen. Er trocknet sich ab, zieht sich an, föhnt seine Locken ganz unprofessionell und verlässt das Schwimmbad. An der Bushaltestelle hört er sein Handy schnarren. Eine Notiz auf dem Display.

Ich denke an dich. Wo bist du? Ich bin überall. Stef.

Als müsse er sich etwas Unangenehmem entledigen, von dem niemand etwas wissen soll, steckt er das Handy mit einer heftigen Bewegung in die Jackentasche zurück. Er steigt in den fast menschenleeren Bus ein, zeigt dem Fahrer die Monatskarte. Im Stehen zieht er das Handy aus der Tasche heraus und schaut das Display an. Was soll er davon halten? Als ihm die Kühle bewusst wird, mit der er die Nachricht aufgenommen hat, und als er merkt, dass nicht eine Ahnung von Glücksgefühl, sondern der alte Kummer in ihm hochkommt, muss er schluchzen. Die Mitteilung seines verlorenen Geliebten, ein paar Worte, genormte Buchstaben auf einer handlichen Sichtfläche, zeigen Leonhard, dass Liebe eine Laune ist. Verderblich und ersetzbar wie eine Torte. Stefan ist überall. Genau das war es doch. Überall, mal hier, mal da, also auch mal bei ihm, Leonhard. Er wischt sich wütend mit dem Ärmel übers Gesicht.

An der nächsten Haltestelle steigt er vorzeitig aus. Kaum jemand auf der Straße. Dunkel kommt ihm die Straße vor. Wenn man weint, ist die Welt dunkel. Er geht zu dem Haus, in dem er wohnt, in eine Wohnung in der zweiten Etage, neben deren Tür sein

Name steht. Er hängt Handtuch und Badehose im Bad auf, zieht sich aus, trinkt Wasser, fällt ins Bett, stellt den Wecker und fängt an, sich zu streicheln. Der lüsterne Blick des Mannes unter der Dusche auf seinen Körper regt ihn an, seine zornige Lust mit heftigen Griffen zu steigern. Was er fühlt, bringt ihn zum Stöhnen. Es tut ihm gut. Er ist frei. Er braucht niemanden. Es tröstet ihn. Und als er dann erleichtert daliegt, fällt ihm alles wieder ein. Der Mann. Ein Mensch, den er zu kennen meint. Ein Blick, ein bleibender Blick, der alles umfasst, den Zweifel, die Trauer, das Glück. Ein wundersamer Tag, an dem das alles eigentlich auch vorkam. Leonhard schläft ein und träumt einen Traum nach dem anderen. Als er aufwacht, kann er sich an keinen Traum erinnern.

Er bringt die Morgentätigkeiten hinter sich, frühstückt wie immer, findet in der Zeitung nichts und macht sich auf den Weg. Auf der Ulmer Straße Autolärm wie jeden Morgen, eilende Menschen. Die schwebende Last kommt ihm in den Sinn. Er sucht die andere Straßenseite mit den Augen ab. Das Lastauto steht da nicht mehr. Kurz vor der Ecke Sparkstraße bleibt Leonhard beinahe das Herz stehen.

Der Mann mit dem grünen Schal. Er hat es nicht eilig. Er weiß, wo er hin will. Er hat Leonhard gesehen. Nicht schnell, doch energisch schreitet er zwischen lauter hastenden Leuten über den Zebrastreifen. Sein Mund ist geöffnet. Er ruft ihn ohne Namen. Er kennt ihn. Leonhard bleibt vor dem italienischen Restaurant stehen. Der Mann betritt den Gehweg. Er geht auf Leonhard zu. Mit diesen Augen, die ihn sehen. Leonhard hebt und senkt die Brust, er pustet, als wäre er sehr schnell gelaufen. Er schluckt und wartet mitten in seinem tobenden, springenden, Purzelbäume schlagenden Herz. Er schließt die Augen.

An einer Bewegung, der Ahnung eines Geräuschs, deutlicher als Straßenlärm, merkt Leonhard, der andere ist jetzt ganz nah bei ihm. Die Bewegung könnte vom Atem des anderen rühren, von seinem Lächeln. Leonhard wartet. Er lässt sich ansehen. Wenn er die Augen öffnet, weiß er, wird alles anders sein als eben noch, alles wird beschlossen sein und nicht mehr umkehrbar. An diesem feuchtkalten Donnerstagmorgen im November, auf einer dröhnenden Hauptstadtstraße, hat das Theater dem Leben die Regie übergeben.

Leonhard beginnt zu handeln. Er öffnet die Augen und findet die Augen seines Gegenübers geschlossen. Geschlossene Augen, wie beim Küssen. Er lacht. Er hebt seine Arme, legt sie um den Hals des anderen und fühlt sich sofort von dessen Armen umschlossen. Als sie einander loslassen, sagt der andere seinen Namen. »Volker.« Nur ein Wort, ein Name, doch die tiefe Stimme zaubert Leonhard am ganzen Körper eine wohlige Gänsehaut.

Volker zieht eine Visitenkarte aus der Tasche seines Jacketts und reicht sie Leonhard hin. Gestern früh, auf dem Weg zu der alten Schauspielerin, die in der Ulmer Straße wohnt und für deren Leben er als Ghostwriter verantwortlich ist – Bitte, zwischen halb neun und neun klingeln, nicht später, nicht eher! –, gestern früh hat er es bereits gewusst, dass er seine Karte diesem jungen Mann mit der ungewöhnlichen Ausstrahlung in die Hand geben wird, falls er ihn wie schon Montag und Dienstag früh wieder träfe. Den ganzen gestrigen Tag, seit sich dieser Hermes nach ihm umgedreht und er nicht gewagt hat, ihm zu winken, hat er sich vorgestellt, ihn morgen wieder zu sehen. Letzte Nacht hat er sich an einem Herbstgedicht versucht. Dem Schwebenden im traurigen Licht eine Gestalt verleihen. Vor dem Einschlafen hat er wie ein Kind gebetet. Wer Gott auch sei, möge ihm helfen, dem Götterboten im Gehrock wieder zu begegnen, ihm entgegenzugehen und anzusprechen. Die Begegnung nicht dem Zufall zu überlassen. Gleiche Uhrzeit, gleiche Straße, gleiche Stelle. Die Kreuzung, das italienische Restaurant.

Leonhard nimmt die Visitenkarte. »Und ich bin Leonhard.« Die Hände berühren sich, schließen sich umeinander, wollen sich nicht mehr loslassen. Das Leben verbeugt sich, das Theater klatscht Beifall.

»Jetzt ist die Visitenkarte zerquetscht«, sagt Leonhard. Volker nimmt die ratlose Hand und drückt einen Kuss darauf. »Es ist noch alles darauf zu lesen, was du brauchst, wenn du mich wiedersehen willst.«

Die übernächste U-Bahn fährt acht Uhr sechsunddreißig ein, Leonhard schwebt durch den Spalt der sich schließenden Tür.

Doppelbildnis mit Handtasche

Noch vor knapp vier Stunden auf dem Athener Flughafen habe ich mir den Schweiß von der Stirn gewischt. Jetzt überquere ich fröstelnd einen Berliner Hinterhof und muss den Hals recken, um etwas Himmel zu sehen. Der Himmel hat die gleiche Farbe wie die Tür zum Quergebäude. Die Tür knarrt. Im Treppenhaus schlägt mir der alte undefinierbare Armeleutegeruch entgegen. Die Stufen kennen meinen Tritt, das Geländer meine Hand. Im dritten Stockwerk nehme ich den Rucksack ab und werfe den Nachbartüren einen Blick zu wie einen Gruß. Das Messing-Namensschild gegenüber ist neu. A. Hübner. Neu ist auch der Schuhabtreter, hellblau, mit zwei Männchen machenden Pudeln. Meine Nachbarn haben mir nicht gesagt, dass sie ausziehen wollten. Ärgerlich suche ich nach den Schlüsseln. Ich schließe auf und hinter mir ab. Bin wieder zu Hause. Ich packe die Retsinaflasche aus, rufe Stefan bei Hamburger Freunden an, erzähle ihm Geschichten von griechischem Blau, weine später ein paar Tränen, blau.

Nach zwei Tagen hat mich die Stadt wieder im Griff.

Am dritten Tag um achtzehn Uhr fünfzehn beginnt mein Wintersemester als Honorardozentin an der Kunsthochschule, Angewandte Abteilung. Als ich den Schlüssel abziehe, höre ich ein Geräusch im

Treppenhaus. Jemand setzt die Füße schwer auf und zieht etwas hinter sich her. Zögernd bleibe ich stehen und horche. Auf der halben Treppe unter mir taucht eine Frau auf. Der hellblaue Wollmantel steht wie eine Glocke von ihr ab. Heraus schauen dünne Beine in schwarzen Pumps und der blondlockige Umriss des Kopfes. Ihr Gesicht ist erhitzt. Einen Arm hat sie für die Handtasche angewinkelt. Cognacfarben, die Tasche. Die andere Hand hält die Trageriemen eines prall gefüllten ledernen Einkaufsbeutels. Die Frau lässt die Riemen los. Der Beutel sackt gegen die Wand. Sie hält sich die Hand vors Gesicht, betrachtet die Fingernägel und wischt sich mit dem Handrücken über die Stirn.

Ich räuspere mich.

Die Frau zuckt zusammen. Ihr Schreck überträgt sich auf den Saum des Mantels. Zornig sieht sie zu mir hoch.

Ich lächle. »Sie sind sicher meine neue Nachbarin.«

Der Zorn in den Augen geht in einen Ausdruck über, den ich als Zustimmung deute.

»Wie schön, dann kann ich mich gleich vorstellen. Ich bin Vera Bertram und wohne hier.« Ich zeige auf meine Tür.

Die Angesprochene weicht zurück, als wäre ihr etwas Schlimmes eingefallen. Ihre Lippen kräuseln sich zusammen, ihre Augen starren wie in Eis getaucht durch mich hindurch. Ich will losgehen, schnell an ihr vorbei. Als ich den Fuß auf die erste

Stufe setze, leckt sie sich über die Lippen und nickt mir begeistert zu.

»Wie gut, dass ich Sie kennenlerne!«

Eifrig packt die Frau die Riemen ihres Einkaufsbeutels. Mit ihrer Last kommt sie mir leichtfüßig entgegen. Ich muss einen Schritt zurückweichen. Der Stoff ihres Mantels streift meinen Arm. Süßlicher Duft geht von ihr aus. Vor der Tür setzt sie den Beutel ab und zieht das Schlüsselbund aus der aufgeschnappten Handtasche.

»O Verzeihung«, ruft sie, »ich habe mich noch gar nicht vorgestellt, aber Sie haben es ja schon erraten.«

Heiser klingt ihre Stimme, wie schrilles Hauchen.

»Ich bin Ihre neue Nachbarin, ich bin's. Hübner ist mein Name. Andrea Hübner.«

Ihre Füße in den Pumps bearbeiten die Pudel auf dem Schuhabtreter mit mechanischer Gründlichkeit. Der Mantel wippt. Die Wohnungstür im Rücken, scharrt die Frau leicht vorgebeugt und sie lässt ihren Blick nicht von mir, ein Blick, der nichts sehen und erkennen muss, ein sturer, vertraulicher und doch nur zufälliger Blick, wie man ihn auf eine Tür wirft, die man gleich aufschließen wird. Ich weiche aus, starre auf das Namensschild und wage nicht, etwas zu sagen und loszugehen, ich traue mich nicht einmal, den Arm zu heben und auf die Uhr zu schauen. Endlich dreht sich die Frau zur Tür um. Sie dreht den Sicherheitsschlüssel zwei Mal, öffnet mit dem Drückerschlüssel und tritt in die Wohnung. Beide Taschen in der Hand, reinigt sie drinnen nochmals die Sohlen auf dem Schuhabtreter in der Diele, wobei sie mich wieder starr ansieht. Anmutig streift sie die Pumps von den Füßen, schlüpft in bereitstehende Pantöffelchen, stößt sanft die Küchentür auf und stellt die Taschen auf der Schwelle ab.

Ich verfolge die wendigen, zackigen Bewegungen der Frau wie durch ein Loch im Guckkasten. Was eine Puppe alles kann, darf ich miterleben. Ehe sie ihren Mantel auszieht und über einen Messingbügel hängt, knipst sie Licht an. Sie rückt und zupft an den Polstern ihres Pullovers. Mit den Fingerspitzen streicht sie nicht vorhandene Fussel von der Brust.

Die Vorführung ist zu Ende. Die Lippen zum Küsschen gespitzt, den Zeigefinger gekrümmt, lockt mich die Darstellerin ins Innere ihres Guckkastens. Ich muss gehorchen. Sie schließt die Tür hinter mir. Mit einem von den Augen zu den Stiefeln und wieder zurückwandernden, flehenden Blick und gehauchtem »Oh, bitte« bringt sie mich dazu, mich zu bücken und die Schnürsenkel meiner Stiefel zu lösen.

Ich starre auf fleckenlosen, hellblauen Plüschbelag.

»Oh, ich weiß, das ist etwas umständlich«, tuschelt Frau Hübner, während ich meine Stiefel ausziehe, »aber mein Mann« – sie registriert meine groben dunklen Wollsocken –, »mein Mann liebt nun mal weichen und sauberen Fußboden. Man muss auf Helles treten, sagt mein Mann.«

Von der Decke bis zur Scheuerleiste reihen sich Herzen in Blautönen. Zwischen Massen blauer

Herzen stehen wir einander gegenüber, meine neue Nachbarin und ich. Sie ist kleiner als ich und muss den Hals lang ziehen, das Kinn muss sie recken, um mir in die Augen zu sehen. Sie scheint es gewohnt zu sein aufzuschauen. Unverwandt sieht sie zu mir hoch, als wollte sie alles auf einmal über mich herausbekommen. Es wäre wie ein Kräftemessen, hielte ich ihrer Hartnäckigkeit stand. Mein Blick auf die Wand veranlasst sie, die blauen Augen von mir abzuwenden.

»Die Tapeten sucht mein Mann aus, Tapeten sind sein Hobby. Unsere alte Wohnung hat er alle zwei Jahre neu tapeziert. Diese hier sah ja aus, na, wissen Sie …«

Ich kannte die Wohnung meiner Nachbarn. Frau Hübners Stimme duldet keine Gegenrede. Ratlos ziehe ich die Schultern hoch, lasse sie fallen und bringe es nicht fertig, auf die Uhr zu sehen. Zu sagen fällt mir nichts ein.

Frau Hübner tippelt durch den Flur zum Berliner Zimmer. Ich folge. Ein Wink, schon versinke ich in den Polstern eines eierschalenfarbenen Sofas. Sprungbereit nimmt Frau Hübner auf einer Sessellehne Platz. Ich schaue mich um. Cognacfarben ist der Grundton des Tapetenmusters. Gegenüber der Couchgarnitur mit Marmortischchen spiegelt sich das Licht vom Berliner Fenster als gleißendes Rechteck in der Politur der Schrankwand. Die Blätter des Gummibaums glänzen wie Frau Hübners Augen. Meine Blicke hetzen durch den Raum, ich reihe eine Beobachtung an die nächste, keine Luft im Kopf, nur die Wiederholung des einen Gedankens. Cognacfarben, passend zur Handtasche. Frau Hübner missdeutet meinen Gesichtsausdruck, sie springt auf, will uns einen Kaffee machen. Kopfschüttelnd lehne ich ab. Eierlikör will sie mir anbieten, selbst gemachten von ihrem Mann. Energischer schüttele ich den Kopf und schaffe es endlich, den Rücken von den Polstern zu lösen. Mit fester Stimme sage ich: »Ich muss los, Frau Hübner, tut mir leid, aber ich habe einen Termin.«

Sie seufzt mit einem verzweifelten Lächeln.

»Bis bald«, sagen wir beide.

Kaum draußen, bereue ich den abrupten Abschied. Nieselregen setzt ein. Auf dem feuchten Pflaster des Gehwegs liegen rosablonde Schlieren. Ich stelle mir vor, wie Frau Hübner ihre Tapeten und Teppichböden nach Flecken absucht. Bei der erstbesten Gelegenheit werde ich meine Herzlosigkeit gutmachen und ihr etwas Anerkennendes sagen. Ich renne gegen den Regen an. Frau Hübners Gesicht ist entschwunden. Sonst merke ich mir ein Gesicht, das zu mir gesprochen hat. Gemerkt habe ich ein Gefühl von Beklemmung und Faszination. Die hellblauen Augen sind mir im optischen Gedächtnis geblieben, die Iris, fast unbeschnitten von den Lidrändern, ein huschender Kreis auf dem Weiß des Augapfels.

Neue Nachbarn zu bekommen, ist kein ungewöhnliches Ereignis in einem Mietshaus. Es ist überhaupt kein Ereignis. Mieterwechsel gehören zum Groß-stadtleben. Man nimmt die fremden Gesichter, Stimmen, Bewegungen zur Kenntnis, bis sie einem nicht mehr fremd vorkommen. Man fragt nicht, grüßt ohne Namen, erfährt manches nach und nach. Meine neue Nachbarin hat mich in ihre Wohnung genötigt, ohne zu fragen. Gegen meinen Willen, ohne mein Interesse abzuwarten, hat sie mich ins Vertrauen gezogen. Ihre Aufforderung glich einem erzwungenen Einbruch. Ich hatte keine Chance, die Aufdringlichkeit abzuwehren. Meine Höflichkeit hat sie ausgenutzt. Mit ihrem Geplapper über ihren Mann und Helles, auf das man treten muss, mit Tapeten und Eierlikör hat sie sich mir aufgedrängt. Sie hat mir in die Augen gesehen, als ob sie mich schon kennt. Einen fremden Menschen blickt man nicht so vertraulich an.

Frau Hübner auf dem Treppenabsatz, ihr Stimmungswechsel von Entsetzen bis Begeisterung, noch ehe wir überhaupt ein Wort gewechselt haben, das Puppenhafte ihrer Erscheinung, das Bemühte in ihren Blicken und Gesten, all das will mir nicht aus dem Kopf. Seit unserer Begegnung sticht mir das Namensschild ins Auge. Es blinkt wie ein Schmuck-stück auf einem zerschlissenen Kleid. Verstohlen sehe ich es an. Wie eine Spinne hat mich die Frau in ihr Dasein gezogen. Und nun lässt sie sich nicht mehr blicken.

Eine Irritation, die widerwillige Bereitschaft, an Frau Hübner zu denken, hält sich in mir wie Flitter, der sich nicht abstreifen lässt. Der erstbeste Gedanke an sie, ihre runden Augen, ihre bellende Stimme, die Pudel auf dem Schuhabtreter, kaum Gedanke zu nennen, der Anflug einer Vorstellung, einer Erinnerung, wenn ich frühstücke oder Treppen steige, bläst sich auf und wird konkret. Ob sie schon losgegangen ist, ob sie morgens friert, vor der Arbeit frühstückt, welche Musik sie hört, so was frage ich mich. An Frau Hübner zu denken, wird zur Angewohnheit auf dem Weg zur Hochschule, auf dem Nachhauseweg, bei meiner Arbeit zu Hause. Eine Banalität wirbelt die nächste auf, wenn ich auf den Bus warte, den Schirm aufspanne, an Schaufenstern vorbeigehe. Wie häufig sie wohl mit ihren Locken zum Friseur gehen, wie viel ihr kitschiges Parfüm kosten mag. Jede Menge solcher Hohlheiten fallen mir ein. Dazu also bin ich fähig, mir kindische Fragen auszudenken, die gar keine Antwort brauchen. Während sich eine nach der anderen in mir anstellt und albern den Finger hebt, fühle ich mich von mir selbst beobachtet wie durch die Glaswand, hinter der ein Zeuge den Täter herausfinden soll. Alle möglichen Personen kann ich identifizieren, nur nicht mich. An meiner Stelle steht nur die grobe Form einer Verwunderung.

Vom ersten Tag an denke ich an Frau Hübner wie an ein Bild in einer Ausstellung, das ich im Vorbeigehen wahrgenommen habe. In der vagen Ahnung, es wollte mir etwas sagen, erinnere ich mich an das Bild, aber ich könnte nicht sagen, was ich gesehen habe. Sicher ist, ich habe es bemerkt und es ohne näher hinzusehen als irgendwie bedeutungsvoll empfunden. Das Irgendwie macht mir zu schaffen.

In der zweiten Woche nach unserer Begegnung treffe ich Frau Hübner im Kohlenkeller. Aus einem Verschlag gegenüber meinem sehe ich einen Lichtschein und höre ihre Bellstimme: »Gott sei Dank, Frau Bertram, Sie sind's!«

Ich trete an ihren Verschlag und sage Hallo.

Gebückt füllt sie Briketts ein. Mein Herz fängt einen Tanz an. Ich bleibe stehen und überschlage, wie viele Tage seit unserer ersten Begegnung vergangen sind. Ich komme auf neun. Es könnten auch acht oder zehn Tage sein.

Der Lichtspender, eine Taschenlampe, liegt auf dem Brikettstapel. Ich sehe Frau Hübners Rückseite. Dass sie mich aus der gebückten Haltung heraus erkannt hat, wundert mich. Im Gegenlicht erkenne ich die exakten Kringel ihrer Haare. Ächzend richtet sie sich auf und dreht sich zu mir um. Sie trägt Leggings, darüber einen langen Pullover. Ihre Schenkel erscheinen mir mager im Vergleich zur Fülle der Hüften. Mit ihrer heiseren Stimme, die vor Aufregung hohe und tiefe Töne annimmt, bittet sie mich, ihr einen Gefallen zu tun.

»Kommt drauf an, welchen.«

Sie kichert. Dann flüstert sie: »Bitte bleiben Sie bei mir. Ich hab solche Angst. Man hört so viel. Letztens hab ich gelesen«, ihre Stimme bellt laut, »dass eine Frau im Keller beim Kohlenholen erwürgt wurde.« Ihr Gesicht nähert sich meinem. Durch den muffigen Kohlenstaub riecht es süßlich. »Und vorher, na, Sie wissen schon.«

»Tut mir leid, keine Ahnung.«

»Na vergewaltigt natürlich.« Kopfschüttelnd wendet sie sich dem Brikettstapel zu, greift ein Brikett nach dem anderen und legt es in die Taschen. »Haben Sie das nicht gelesen? Stand groß in der Zeitung.«

Ich will mich meinem Verschlag zuwenden. Frau Hübner lässt nicht locker. Ihre Stimme, mit der sie fleht, in ihrer Nähe zu bleiben, »sonst holt mein Mann immer die Kohlen, Frau Bertram, er kann ja viel mehr auf einmal tragen, aber heute …«, dieses einschmeichelnde Tuscheln ruft mir ihr Gesicht vor Augen, den Ausdruck ihrer Augen, als wollte sie in mich fließen. Ich bleibe an ihrem Verschlag stehen. Als sie fertig ist, reicht sie mir ihre Taschenlampe. Während ich Briketts in die beiden Tragen fülle, steht Frau Hübner in meinem Verschlag hinter mir und schwärmt von ihrem Mann. Er arbeitet beim Hochbau. An Schlechtwettertagen fährt er sie zur Arbeit, obwohl er dann mal ausschlafen könnte. Alle beneiden sie um ihren Mann. Ich beeile mich, meine Tragen voll zu kriegen. Die Beneidete stakst dann, in jeder Hand eine schwere Tasche, vor mir her, sie stöhnt und beklagt sich über die Dunkelheit hier unten und darüber, dass man ausgerechnet ihr und mir in der hintersten Kellerecke Verschläge zugewiesen hat, wo doch die meisten Mieter sowieso schon auf Gasetagenheizung umgestiegen sind.

Auf der letzten Treppe sagt Frau Hübner, ohne sich nach mir umzudrehen, stolz und tief: »Mein Mann kann alles.«

Wir stehen vor unseren Türen, beide schwer atmend. Sie wischt sich mit dem Ärmel ihres Pullovers über die Stirn, wobei sie ihre Löckchen nicht berührt.

Am Sonntag darauf kommen Freunde zum Essen. Es soll Bratkartoffeln mit Rührei geben. An Speck, saure Gurken, Kartoffeln und Bier habe ich gedacht, aber nicht an die Hauptsache. Frau Luft in der mittleren Wohnung, seit Jahren mit meiner Schludrigkeit vertraut, ist auf Mallorca. Seniorenreise. Mit anderen Leuten im Haus habe ich keinen Kontakt. Ich will es bei meiner neuen Nachbarin versuchen und klingele bei ihr. Sie öffnet die Tür so weit es eine vorgelegte Sicherheitskette zulässt. Eines ihrer Augen und der Mund mit einem »Nein danke, kein Bedarf« schon auf den Lippen, tauchen im Türspalt auf. Als sie mich erkennt, lächelt sie.

»Ach Sie sind's, Frau Bertram, Momentchen …«

Frau Hübner macht die Tür zu.

Ich komme mir abgewiesen vor trotz ihrer Erleichterung, es mit keinem Sonntagswerber für eine Sekte zu tun zu haben, sondern mit mir, ihrer Nachbarin. Mir ist auch klar, dass Frau Hübner ihre Tür schließen muss, um die Sicherheitskette zu lösen. In der Sekunde, als sie drinnen das Ende der Kette durch die Halterung schiebt und ich es rasseln höre, frage ich mich, was nur mit mir los ist, dass ich hier stehe mit leerem Kopf und mir ein Drama mache. Die Antwort kommt mit der Frage. Wer du auch sonst sein magst, hier jedenfalls bist du ein unwissender Mensch. Dir fehlt etwas anderes als ein paar Eier für ein Bauernfrühstück.

Aus meiner Wohnung schallen die Stimmen meiner Freunde, ihr ahnungsloses Lachen. Die Tür geht auf. Frau Hübner steht vor mir und schaut erwartungsvoll zu mir hoch. Sie trägt eine neckische Schürze, die Haare sind frisch frisiert. Löckchen an Löckchen wie gezählt und systematisch um den Kopf gesteckt. Aus ihrer Küche riecht es nach Braten.

Ich sage Hallo und entschuldige mich für die Störung.

»Pst«, flüstert sie und legt einen Zeigefinger vor den Mund. »Mein Mann schläft. Er hat gestern wieder Überstunden gemacht. Bis in die Nacht.« Sie seufzt.

»Tut mir leid«, sage ich und bringe mein Anliegen vor.

»Eier? Oh, natürlich! Mein Mann hat gerade am Donnerstag frische vom Winterfeldtmarkt mitgebracht. Warten Sie.«

Sie dreht sich zur Küchentür um, will einen Schritt tun, wendet sich mir aber wieder zu. Ihr Blick durch mich hindurch hat mit den erbetenen Eiern nichts zu tun. Wieder dieser plötzliche Stimmungswechsel. Fürchtet sie, ich könnte ihren Mann mit oder gar ohne Schlafanzug erspähen? Will sie mir etwas anvertrauen?

Frau Hübner lächelt. »Kommen Sie«, sagt sie liebenswürdig.

Eine rosa Wachstuchdecke mit hellblauen Blümchen ist über den Küchentisch gebreitet. Emaillierte Töpfe mit Blumenmustern entlassen Gerüche und Geräusche. Ich erkundige mich, was es gibt, vermute Kassler mit Sauerkraut.

»Sauerkraut ist richtig«, flüstert sie und öffnet den Kühlschrank, »aber kein Kassler. Mein Mann mag kein Kassler.« Behutsam legt sie mir drei Eier in die Hand. »Ich hab uns Rippchen gemacht, Kalbsrippchen, sehen Sie.«

Mit Hilfe eines Topflappens hebt sie einen Topfdeckel an und gestattet mir Einblick. »Wunderbar«, rufe ich aus und meine es aufrichtig.

Frau Hübner nickt geschmeichelt. »Na ja, man isst so selten richtig gemütlich zusammen. Mein Mann und ich, wir haben doch nur die Wochenenden.« Sie winkt ab, als ich ihr die Eier für den nächsten Tag zurück verspreche.

Meine Freunde blicken mir entgegen, als hätten sie gerade über mich geredet.

Seit jenem Sonntagmittag läuft mir Frau Hübner oft über den Weg. Ihr Blondkopf blinkt an Bushaltestellen, im Wochenendgewühl, in den Gängen des Supermarktes. Entgegen meinem Vorsatz, ruhig zu sein und an etwas anderes zu denken, mache ich mich mit unauffälligen Blicken über sie her. Frau Hübners Körper, ihre Augen sollen mir einen Hinweis durch den Alltag funken, eine Auskunft, die alles durchstreicht und mich beruhigt. Natürlich warte ich den nächsten Bus ab, vermeide, dass wir an derselben Kasse anstehen. Sie bleibt mir in den Augenwinkeln, ein Fremdkörper, aus unerklärlichem Grund für diesen kalten Spätherbst wie geschaffen und für meine Melancholie, die sich vor meinem warm werdenden Ofen mit blauen und weißen Erinnerungen an griechische Inseln füttert.

Bald kenne ich ihren Gang auswendig. Ich tippele durch meinen Flur, versetze mich in ihr Wesen, ihre Stimme, stelle mir vor, dass sie wasserscheu ist. Sie erinnert mich an einen Mädchentyp meiner Schulzeit. Ihre Art, wichtigtuerisch einen Fuß nach außen gedreht vor den anderen zu setzen, ist die eines pubertierendes Mädchens, das seine Frauenrolle übt. Sie ähnelt gezierten Gymnasiastinnen, die Ausreden erfinden, um beim Sport nicht mitzumachen. Beim Imitieren ihrer Gangart kann ich nachempfinden, wie ihr muskelarmes Gesäß bei jedem Schritt wabbelt, weil sie den Schwung der Schritte kaum aus den Hüften, eher aus der Knickbewegung der Knie holt. Einmal sehe ich sie loslaufen, um noch den Bus zu kriegen. Ängstlich hält sie die Knie beieinander, die Unterschenkel schnellen schräg weg. Rührend sieht meine Nachbarin aus, wenn sie rennt. Frau Hübner im Regen, im Novembergrau, eine Puppe, in schillernde Folie gehüllt, die sie vor dem Schmutz des Lebens bewahrt.

Einige Tage nach jenem Sonntag erzähle ich Stefan von meiner Nachbarin und ihrem Mann, ihrer Wohnung, den Tapeten. Ich beschreibe ihm die Löckchen, die Stimme, die Handtasche, die betulichen Bewegungen. Er müsste sich Frau Hübner mal ansehen. Eine Frau wie sie, eine Otto-Dix-Figur, gäbe bestimmt etwas her für eine Story. Stefans Entgegnung ist ein belustigtes, gleichgültiges Lachen. Mit Frau Hübner ist bei meinem Freund nichts zu holen. Warum auch, Stefan findet seine Gestalten selbst. Auf meinen Hinterhof, mein Treppenhaus ist er nicht angewiesen. Seine Romanfiguren sind eher unauffällige Zeitgenossen, die seltsame Handlungen begehen und sich in unmöglichen Situationen bewähren oder verraten. Nicht nur unverstanden – gedemütigt fühle ich mich von Stefans Lachen. Einmal treffen wir den Anlass meiner Demütigung auf dem Hof. Scheu und rosa duftend stöckelt sie mit ihrer Handtasche an uns vorbei und Stefan fragt spöttisch: »Ist sie das, deine Frau Hübner?«

Sein Spott beschämt mich. Es wäre zwecklos, mit ihm über meine Verwirrung, meine Faszination zu sprechen. Ich verstehe mich ja selbst nicht. Wie könnte ich auch in Worte fassen, was mir selbst nicht klar ist. Anzufangen, sich mit ihm zusammen an das Unbegreifliche heranzutasten, das ihre Gegenwart in mir ausgelöst hat, das lohnte sich nicht. Eine Frau Hübner interessiert ihn nicht.

Stefans Desinteresse reizt mich erst recht, nicht von meiner Nachbarin abzulassen. Legt er auf der

Straße den Arm um mich, kommt mir ein ausgeschlafener Herr Hübner in den Sinn. Vorstellungen springen mich an, wie sich der Gatte bemüht, seine großen Schritte ihren Tippelschritten anzupassen, wie er sein Frauchen hält und stützt. Beim Essen mit Stefan muss ich plötzlich an Frau Hübner und ihren Mann am Herzchentisch denken. Ich sehe ihre runden Augen nach Komplimenten schnappen. Ich lasse kein Wort mehr über Frau Hübner fallen, doch hinter meinem selbst auferlegten Schweigen wuchert sie ins Groteske. Keine Idee ist mir zu albern, kein Vergleich zu billig, ihre Hilflosigkeit in mir erstehen zu lassen. Beim Duschen, beim Abwaschen, in einem beiläufigen Blick aus dem Fenster erscheint sie mir mit dem sorgsamen Zwinkern ihrer runden Augen. Nackt mit Stefan lasse ich nicht von ihr ab. Ob sie schwarze Reizwäsche trägt, ob ihr Mann ein kräftiger Kerl ist, der auf Frauen mit Löckchen steht, ob er heimlich zu Huren geht, weil ihm seine Frau zu etepetete ist.

Stefan geht neuerdings nach Hause, wenn wir miteinander geschlafen haben. Eine Weile liegt er bei mir und ich spüre an der Steifheit seines Körpers, seinen ungelenken und vorsichtigen Bewegungen seine Befangenheit und Verlegenheit. Dem Wortkünstler fehlen die Worte. Er steht auf, zieht sich im Dunkeln an, streichelt noch einmal über mich und verschwindet. Er geht von mir weg, verlässt jemanden, der sich von seiner Bereitschaft zur Nähe entfernt hat. Ohne eine einzige Frage lässt mich Stefan in Ruhe. Wenn er die Tür hinter sich zugezogen hat und ich seine Schritte auf der Treppe immer leiser werden höre, strecke ich die Arme nach ihm aus wie Frau Hübner, wenn ihr Mann nachts nur mal auf die Toilette geht. Manchmal knallt Stefan die Tür hinter sich zu. Dann weine ich und schlafe ein und wenn ich aufwache, weiß ich, ich habe von ihr geträumt.

Der Postbote hat mir ein Päckchen für Frau Andrea Hübner übergeben. Eine Buchgemeinschaft ist der Absender. Als ich es abends abgeben will, höre ich Stimmen hinter ihrer Tür.

»Ich habe die Rechnung aber schon …«

»Immer du! Du hast zu warten, bis ich …«

»Das konnte ich doch nicht wissen …«

»Ach leck mich doch am Arsch, Mensch! Du weißt es ganz genau, wer hier immer …«

Obwohl ich konzentriert hinter der Tür stehe, bekomme ich nicht alles mit. Beide Stimmen steigern mit der Lautstärke auch ihr Tempo. Frau Hübners heisere Stimme überschlägt sich, kläfft. Die des Mannes klingt spitz und schrill, beinahe heller als ihre. Der Dialog kommt mir mechanisch vor, jedes Wort wie aufgefädelt. Und doch spüre ich die Hitze des Streits durch die Tür. Ich drücke auf den Klingelknopf. Stille darauf, dürre Lautlosigkeit. Frau Hübner öffnet, diesmal ohne Kettenritual.

Im rosa wattierten Hausmantel steht sie vor mir. Sie sieht mich an, als wollte sie gleich über mich herfallen. Ihre Augen stehen unter Wasser, das Gesicht ist rosa und rot gescheckt. Mund, Kinn, Wangen zucken. Zornig und gefurcht sieht es aus, Frau Hübners sonst so glattes Gesicht. Ich rieche ihr Parfüm, ihren Schweiß. Ihre nackten Füße heben sich groß und kräftig vom Plüsch des Fußbodens ab. Blaue Herzen fallen welkend von den Wänden.

»Mein Mann«, flüstert sie.

Ich halte ihr schnell das Päckchen hin. Sie nimmt es, klemmt es unter den Arm und putzt sich die Nase.

»Mein Mann«, versucht sie es noch einmal. Ihr Gesicht dampft. An den Nasenflügeln treten Poren hervor.

»Schon gut.« Sonst sage und tue ich nichts.

Frau Hübner zieht die Tür zu. Nichts mehr zu hören, kein Atmen, kein Seufzen, keine Stimme. Der rote Knopf der Flurbeleuchtung flackert.

Mit leeren Händen stehe ich im Treppenflur. Mein Telefon klingelt. Vier Mal ruft es mich in meine Welt zurück. Als ich den Hörer abnehme, ist niemand dran. Ich falle aufs Sofa und starre an die Zimmerdecke. Mein Atem geht normal, ich bin gesund, unauffällig schlägt mein Herz, doch ich komme mir vor wie kurz vorm Ersticken. Die Stille in mir enthält nicht die Ahnung eines möglichen Gegenteils, sie ist wie hohle Luft, hat ihr eigenes Maß übertrieben. Ich bin mir selbst verdächtig und weiß nicht, was ich getan haben soll. Vorwerfen kann ich mir nichts, irgendetwas beweisen auch nicht. Was geht mich meine Nachbarin an? Was bindet mich bloß an sie? Warum habe ich die Begegnungen mit ihr kein einziges Mal mit einem Achselzucken abtun können?

Eine Fotografie meiner Eltern erscheint in riesiger Vergrößerung auf der Zimmerdecke. Vater und Mutter als junges Ehepaar in der Zeit des Wirtschaftswunders. Gefasste Gesichter, ungefasste Hände, er im Anzug, sie im schmalen dunklen Kleid, Dauerwellen. Ich war schon auf der Welt, meine Schwester noch nicht. Vielleicht habe ich abseits im selben Raum gestanden, während jemand auf den Auslöser drückte. Ich mit meinen plumpen Schuhen. Ich wünschte mir immer besondere Schuhe, weiche, bunte, die mich warm und leicht durch die Welt tragen sollten.

Die Klage meiner Eltern, ihre gegenseitige Verbissenheit ist um mich herum wie der Geruch aus einer Abstellkammer. Auch sie hatten sich um Geld gestritten, natürlich niemals vor mir und meiner Schwester, nur immer zischelnd hinter der geschlossenen Küchentür. Oder im Ehebett. Ich hatte die Enttäuschungen in der dicken Luft um den Esstisch gespürt, im angestauten Schweigen, in Mutters Bewegungen beim Brotschneiden, beim Saubermachen, im steifen Abstand, mit dem die Eltern vor dem neuen Fernseher saßen. Unter der Bettdecke habe ich mir einen Vater ausgedacht, der lächelt und mich in die Arme nimmt; Szenen der Versöhnung mit Umarmungen habe ich mir vorgestellt, Kinobesuche, gemeinsames Eisessen, Spaziergänge durch die Stadt, eine glückliche, beneidete Familie.

Mit aufgerissenen Augen liege ich in meinem dämmrigen Zimmer, um Herrn Hübner zu erkennen, den Ehemann, um den sich das Gerede und die Gefühle seiner Frau drehen. Ihr Göttergatte, ihr einziges, unerschöpfliches Thema, ihr Entzücken. Von Anfang an hat mich Frau Hübner mit ihrem Mann erschreckt. Nun habe ich seine Stimme vernommen, ihn verstanden. »Leck mich am Arsch«, hat Herr Hübner gesagt. Er knallt Türen zu. Er bringt seine Frau mit scharfer Stimme zum Weinen.

Wie oft hat meine Mutter geweint. Nicht vor uns, natürlich nicht, das tut man nicht. Rote Augen, ein verhärmter Mund lassen sich vor Kindern nicht so gut vertuschen wie eine traurige Ehe.

In meinem Kopf schnellt etwas los. Vertuschen, habe ich gedacht. Ich springe auf, mache Licht. Darauf habe ich gewartet. Vertuschen, mein Stichwort. Ich werde Frau Hübner malen. Ich werde sie von mir wegmalen. Wegstellen und meine Ruhe haben.

Ich rufe Stefan an und fahre zu ihm. Zwei Tage bleibe ich bei ihm. Ich koche für uns, lese, liege auf unserem Bett, denke an Frau Hübner, sehe das Porträt vor mir, das ich malen werde, aber ich lasse kein Wort über meine Absicht heraus. Stefan arbeitet. Als ich schon eingeschlafen bin, legt er sich zu mir. Erschöpft und zufrieden lieben wir uns. Zufrieden fahre ich nach Hause und fange an.

Ich skizziere und zeichne und fantasiere und zerreiße etwa so viel Papier wie beim ersten Liebesbrief.

Stundenlang kritzele ich wie in Trance Normalvertei-lungskurven mit Streuungssternchen, besessen von Vorstellungen des Ausdrucks ihrer Augen, ihrer Hän-de, ihrer Stimme, ihrer Tippelschritte. Später füllen sich Blätter mit Augen, Nasen und Mündern, breiten Hüften, die in magere Beine übergehen, üppigen Brüsten, mit allen möglichen Details ihres nur ge-ahnten Körpers. Ich brauche mein Modell nackt, um es später zu bekleiden. Zuerst kleide ich den Körper in meine fragenden Fesseln, verhülle ihn mit meiner Fantasie, meinem Überdruss, meiner verschrobenen Anspannung. Ich überziehe den Bogen des Nackens mit Lästerungen, umkreise in den Nasenlöchern mein Eingenebeltsein in süßlichen Düften, versenke meine Sprachlosigkeit in einem übertrieben gespitz-ten Mund, einem abgespreizten Ringfinger. Womit ich den Körper auch später bedecken werde, es soll die Frau nackter erscheinen lassen, wahrhaftiger. Verbissen, übermütig strichele ich mich an Frau Hüb-ner heran. Nachmittage, Abende, Nächte vergehen mit Versuchen, alle stümperhaft. Ich vergesse, dass es dunkel geworden ist, heize nicht, denke nicht an Essen, trinke kaltes Wasser, ignoriere meine klamme Hand. Der Boden um meinen Zeichenplatz bedeckt sich mit zerrissenem und zerknülltem Papier. Mitten-drin rufe ich Stefan an, will seine Stimme hören.

»Hier bin ich«, bringe ich heraus.

»Schön, wie geht's«, antwortet er auf seine distan-zierte Art.

Ich empfinde ihn nur als abweisend. Er legt auf.

Am Spätnachmittag des dritten Tages meiner Skizzierversuche, als ich zu meinem Hochschultermin muss, treffe ich Frau Hübner.

Es hat lange und dicht geschneit, dass sogar auf unserem Hinterhof Schnee liegen geblieben ist. Die Kinder sind dabei, einen Schneemann zu bauen. Hinter Fenstern ist Licht. Der Schneehimmel leuchtet rötlich. Ich drängele mich an den Kindern vorbei, lasse mich von zwei Jungen mit Schnee bewerfen, tue ängstlich und werfe eine Handvoll von dem halb matschigen Zeug zurück. Am liebsten würde ich alle selbstvergessen an mich drücken. Als ich Kind war, blieb der Schnee in den Gärten, auf Straßen und Gehwegen liegen. Der Winter war ein Zauberer, kahle Fliederbüsche verwandelte er in glitzernde Schlösser und Burgen und ich wanderte mit meinem Staunen durch Kammern und Gänge und Bögen. Im Dunkeln spann das Laternenlicht kleine und große Kreise aus Diamanten in die Bäume. Den Schlitten stellte ich neben der Haustür ab, meine Gummistiefel hinterließen dicke, nasse Spuren auf den Stufen. Weich vor Erinnerung halte ich die Klinke der Tür zur Toreinfahrt und sehe noch immer zu den Kindern hin, als die Tür von der anderen Seite her geöffnet wird.

Frau Hübner und ich stoßen beinahe zusammen.

»Oh«, sagen wir gleichzeitig, sie schließt sofort an: »Ist das ein Wetter heute!«

Ich nicke und bleibe automatisch stehen.

Mit strengem Blick, die Augen nicht so weit aufgerissen wie sonst, überschaut Frau Hübner das Treiben auf dem Hof. Ihr Mund ist kleiner und spitzer als der Mund auf meinen Skizzen.

»Ja«, sage ich, »die Kinder haben's heute mal richtig gut.«

»Was?« Sie wirkt zerstreut. Ruckartig schüttelt sie den Kopf. »Ach so, ja, Kinder«, höre ich sie flüstern.

Mit zusammengekniffenen Augen blickt sie zu den Kindern, die eine beträchtliche Schneekugel zusammengerollt haben. Im schwachen Lichtschein von den Fenstern her erscheint mir ihr Gesicht fremd. Ohne Lächeln schaut es aus dem Weißfuchskragen ihres Mantels. Den Kopf hält sie nicht in der vertraulichen Neigung, die ich zu zeichnen versucht habe. Hinter den aufeinandergepressten Lippen geht etwas vor.

»Kinder«, wiederholt Frau Hübner.

Mit dem Wort leuchtet sie wie mit einem grellen, sofort weggezogenen Lichtstrahl einen Winkel in ihrem Inneren aus. Sie stellt die Einkaufstasche ab. Während sie den Henkel der Handtasche auf ihrem angewinkelten Arm zurechtrückt, sprudelt sie scharf gehaucht heraus: »Mein Mann liebt Kinder so sehr. Wir wollten immer Kinder.«

Sie tritt dicht an mich heran, reckt den Kopf, starrt mir rund in die Augen und herrscht mich an: »Drei Fehlgeburten.«

»O Gott«, entfährt es mir.

Eines der Kleinen heult laut. Die Kinder haben die Idee mit dem Schneemann aufgegeben und beschmeißen sich mit Schnee und Matsch. Frau Hübners Atem vermischt sich mit meinem. Ich denke an heißen Tee. Sie steht vor mir mit Augen, in denen hektische Fünkchen tanzen. »Mädchen«, haucht sie laut. »Es war jedes Mal ein Mädchen. Mein Mann war todunglücklich. Und ich erst, Frau Bertram, ach, wissen Sie …«

Ich weiche einen Schritt zurück. »Frau Hübner, mir ist kalt.«

»Ja, es ist kalt, aber stellen Sie sich vor, Frau Bertram!«

»Merkwürdig«, murmele ich und stelle mir Frau Hübner im Ehebett vor, wie sie die Beine breit macht, um einen Jungen zu empfangen. Ihr Mann kommt dabei nicht vor. Das malen. Ihre gespreizten Beine und die Handtasche. Eine lieblose, angestrengte, vergebliche Geschlechtlichkeit.

Ein Matschklumpen saust zwischen unseren Köpfen durch und gleitet an der Hoftür hinunter.

»Andreas!«, ruft eine Frauenstimme aus einem geöffneten Fenster.

»Andreas!«, wiederholt Frau Hübner und hält ihr Gesicht mit verzücktem Ausdruck in die Richtung des Gerufenen. »Schöner Name! Mein Mann heißt auch Andreas …«

Eine Stimme schreit: »Mutti?«

»Komm essen«, ruft es zurück.

»Ich will aber noch unten bleiben!«

Die Stimme der Mutter, beschwichtigend: »Es ist doch schon dunkel, Andi.«

»Andi«, raunt Frau Hübner.

Die Hoftür wird geöffnet, ein Mann geht an Frau Hübner und mir vorbei, brummt.

»'n Abend«, sage ich.

Frau Hübner bückt sich nach ihrer Tasche und stöckelt ohne Gruß davon. Ich sehe ihr nach. Die Kinder scheinen sie nicht zu bemerken. Der Mann verschwindet im Seitenflügel.

Ich stapfe los, rutsche durch den Matsch. In der Hochschule wird es warm sein, tröste ich mich, und bin gewiss, dass mich dort auch nur Kälte erwartet. Lichter, Geräusche, Passanten gleiten an mir vorbei, Beweise für die Tatsache, dass alles weitergeht, doch ich komme mir wie angehalten vor. Was die Frau mir eben zwischen Tür und Angel aufgedrängt hat, passt nicht zu Pantöffelchen auf Plüsch, Löckchen, Handtasche, Make-up und runden Augen. Es lässt sich nicht als fötenförmiges Beiwerk abtun. Karikieren war nie meine Sache. Wie aber, wenn nicht übertrieben und grotesk, soll ich den Schmerz und den Irrsinn von drei Fehlgeburten in meinem Bild erkennbar werden lassen?

Ich bleibe stehen, obwohl die Ampel auf Grün gesprungen ist; stehen bleibe ich, weil mir ein Paar auffällt, das mir über den Zebrastreifen entgegenkommt. Sie mit blonden Locken und Weißfuchskragen, er breit, stämmig, eine prall gefüllte Einkaufstasche in der Hand. Irritiert sehen mich beide an, weil sie wohl gemerkt haben, dass mit mir etwas nicht ganz richtig ist. Sie ahnen nicht, dass sie mir gerade zu einer Erkenntnis verholfen haben. Ein Bild von Frau Hübner ohne Mann wäre ein halbes, ein unwahres Bild.

Während der drei Stunden Diskussion über Ästhetik und Effektivität einer von den Studenten entworfenen Schulhofanlage, die ohnehin nicht realisiert werden kann, bin ich nicht bei der Sache, fühle mich überflüssig.

Zu Hause lege ich Briketts nach und nehme das Zeichenbrett auf die Knie. Ich halte den Bleistift ruhiger als sonst. Die Traurigkeit, die ich um Frau Hübners Tragik empfinde, mein einfühlsamer Ernst, das warme Bullern der im Ofen brennenden Kohlen stimmen mich heiter. Ich verstehe mich. Jeder Nerv meiner zeichnenden Hand drängt zu den Haaren. Ich wehre mich nicht. Unter den quellenden Locken runden sich die Augen zu ihrem Ausdruck von Neugier, Staunen und Argwohn. Bereitwillig bilden sich die Auslassungen heraus, die Frau Hübner in ihrem Gesicht inszeniert. Sie selbst verbannt doch mit Make-up und Puder jegliche Schatten und Unebenheiten. Merkwürdig, oder auch nicht merkwürdig, eher folgerichtig nach allem, was ich über sie und ihren Mann erfahren habe, in den Auslassungen, den ungezeichneten Stellen im Gesicht und der bemäntelten Gestalt zeichnet sich wie von selbst, wie von der Rückseite des Blattes aus sich allmählich durchdrückend, ein Phantom heraus. Der andere, der Mann. Wie er aussieht, ist mir nicht wichtig. Was ich schraffiere, ist mehr als ein Schatten und weniger als eine konkrete Figur. Es ist die Andeutung einer

Männerhand, die eine Handtasche hält. Hinter, nein, innerhalb der sich herausbildenden Getreulichkeit ihres Gesichts formt sich ein geöffneter Mund heraus, der zu schreien scheint.

Ich fange an, meine Skizzen interessant zu finden, sie Zeichnungen zu nennen. Auf den tatsächlichen Herrn Hübner kann ich verzichten, mag er meinetwegen monatelang auf Montage sein, sogar im Ausland, mag er nach Hause kommen, wann es ihm beliebt. Ich habe ihn. Er ist ein Phantom, Frau Hübners Hintermann, ihre Legitimation, ihre Stütze. Als meine Vorstellung reicht er mir.

Am Himmel über den Dächern zeigt sich bereits die zaghafte Helligkeit des Frühwintermorgens. Meine kalten Füße halten mich noch lange wach, trotz des müden, leer gezeichneten Kopfes. Als ich eingeschlafen bin, scheuchen mich Träume von Schlaf zu Schlaf.

Das zweiköpfige Kalb aus dem Salzburger Naturkundemuseum hat mich an der Leine und läuft mit mir durch die Straßen meiner Heimatstadt. Eine Horde Leute ohne Lippen, mit lautlosem, schadenfrohem Lachen, klatscht Beifall. Sie tragen Schwarz, wahrscheinlich eine Trauergemeinde. Eine Frau ist nicht schwarz gekleidet, sie ist von Kopf bis Fuß blau verschnürt, kann sich nicht bewegen. Sie lacht nicht, verdreht nur die Augen, ihre Lippen sind aufeinandergepresst. Sie ist eingezwängt zwischen schwarzen Mumien und blauen Herzblumen.

Ich entscheide mich für ein schmales, lebensgroß hohes Format, pinne die Leinwand fest gespannt auf mein Türbrett, stelle die Dispersionsfarben bereit, nehme den Telefonhörer ab und breite die letzten Zeichnungen auf dem Boden aus.

Von der Wand sehen meine Arbeiten auf mich herab, Porträts und Figuren. Ich blicke trotzig zurück. Ich suche einen Anstoß in den gemalten Augen, während ich mich auf Frau Hübner konzentriere, ihre aufdringliche Durchschnittlichkeit, ihre Beschränktheit, ihr Getue, ihr Unglück. Sie haben sich gegen mich verschworen, meine sauberen, sachlich-kühlen Gesichter. Sie sehen einander erschreckend ähnlich. Fertigmachen wollen sie mich. Fünf Augenpaare wachsen auf mich zu, vereint zum Ausdruck des Vorwurfs.

Frau Hübner soll es besser haben, ja, sie wird es besser haben als ihr, das schwör ich, denke ich laut und töricht, dann packe ich die weichen Flaschen mit dem Weiß und dem Rot und fange an, sie zu melken. Ich verrühre die Farbmassen zu rosa Brei und klatsche den auf die Leinwand. Weiter mische ich, mit grün, schwarz, braun und immer wieder weiß dazu. Grässliche, süßliche Farben hypnotisieren und foltern mich, stürzen mich in zornige Trance. Aus einem Hochofen rollen die Farben zu mir, rosa Lava frisst mich an, ich wehre mich gegen die schmutzige, schmierige Glut und rase auf der Leinwand herum. Zetere mit dem zweiköpfigen Kalb, beschimpfe die Hausfrau, Herzchen hier und Herzchen da, was sie sich herausnimmt, mich zu verfolgen, anzugeben mit ihrem Männchen, dem sie wohl auch noch die Haare kämmt, jedes einzeln, dem sie die Schuhe ableckt vor Ergebenheit. Ich bin außer mir. Kleckse und schreie auf meine Leinwand ein, die in allen Tönen rosa zurückschreit. Werfe den Pinsel in die Ecke, nehme die Jacke und renne verschwitzt aus der Wohnung.

Auf der Treppe kommt mir Frau Luft entgegen, seit einigen Tagen aus Mallorca zurück. Erfreut begrüßt sie mich, braun gebrannt zieht sie über das scheußliche Wetter her. Ich putze mir die Nase und wische mir den Schweiß vom Gesicht. Meine Hände sind starr vor Farbe. Rennen will ich, mich bewegen und atmen und stehe vor Frau Luft wie ein Kind. Und sie raunt mir, die Stimme vertraulich senkend, zu: »Sagen Sie mal, Frau Bertram, diese Neuen da«, sie weist mit dem Kopf nach oben, »die haben sie wohl nicht alle beisammen?«

»Wieso?«, fragte ich heiser.

Die alte Dame blickt sich um zur Gewissheit, ob auch niemand mithört. »Also, seit ich hier bin, geht das«, flüstert sie, »beinahe jeden Abend, dieses Poltern und Gekreische, ich musste schon ein paar Mal gegen die Wand klopfen.«

Mein Mund schiebt Betonfalten beiseite und versucht zu lächeln.

»Eheprobleme vielleicht«, bringe ich heraus und lehne mich gegen das Treppengeländer, weil mein Herz gegen eine Papierscheibe hämmert. Haben Sie den Mann gesehen, will ich fragen, aber die energische alte Dame seufzt unvermittelt auf: »Himmel, ich hatte ja Kartoffeln aufgesetzt!«, und eilt mit einem »Bis zum nächsten Mal, Frau Bertram« in ihre Wohnung.

Ich schleiche zurück. Hocke mich vor der länglichen Fläche nieder und erkenne Frau Hübners schräg geneigten Kopf, ihre Gestalt, neugierig vorgebeugt, als wäre sie dabei, etwas Unaussprechliches zu verraten. Ich muss den unbetretenen Weg weitergehen ohne meine gewohnte Sachlichkeit, ohne leidenschaftslose Gerechtigkeit. Aus keinem Wintermantel vermag ein Busen derart sichtbar herauszuragen. Ich mache mich über Frau Hübners Brüste her, bis sie aus dem Bild starren. Ich male ihre auswärts gestellten, großen Füße auf einem schmutziggrauen Untergrund, in den jeder einsinkt, nur nicht Frau Hübner mit ihren schmalen Schuhen.

Am Abend fahre ich zu Stefan. Er ist nicht zu Hause. Ich rufe ihn mehrere Male von einer Kneipe aus an, spreche ihm zärtlich aufs Band, saufe drei Schoppen Wein. Er war im Kino, hat einen ernsten Film gesehen, scheint sich kaum zu freuen über meine Liebesworte auf dem Anrufbeantworter und meinen überraschenden Besuch. Alkohol und alle Abstufungen von Rosa haben mich in eine Verführerin verwandelt, die Stefan aus seiner nachdenklichen Stimmung zu sich herüberlockt. Trotzdem bin ich auf die Frage, auf die ich gewartet habe, die Frage, was in der letzten Zeit mit mir los sei, zu keiner

Antwort fähig. Als er bei mir liegt, erzähle ich ihm meinen Traum.

»Ich glaube, du lässt dich von deiner Arbeit ganz schön verrückt machen«, sagt er.

Als ich mittags nach einem guten und freundlichen Frühstück, beruhigt auf die Weiterarbeit eingestellt, von Stefan nach Hause komme, treffe ich mein Modell vor der Haustür. Ich halte Frau Hübner, diesmal ist sie mit einem roten Netz beladen, Türen auf, die Haustür, zum Hof und zum Gartenhaus und nehme ihr überschwängliches »Oh, vielen Dank« drei Mal entgegen. Auf dem Hinterhof stöhnt sie unüberhörbar. Bei vielen Frauen ist das leidvolle Stöhnen zur Lebenshaltung geworden, denke ich und überwinde die Versuchung, meiner kurzatmigen Nachbarin das voll gekaufte Netz auf den Treppen abzunehmen. Als wir vor unseren Türen angelangt sind, höre ich hinter mir die Flaschen in dem abgestellten Netz aneinanderklicken und will mich verabschieden, als ich eine kurze, schüchterne Berührung am Arm spüre.

»Ich wollte Ihnen etwas sagen.«

Ihre Stimme klingt verzagt. Sie hat den Kopf gesenkt.

Ihr Mann geht fremd, fällt mir ein. Sie braucht einen Rat von Frau zu Frau. Ist sie etwa wieder schwanger? Ich drücke nicht auf den Lichtknopf. Soviel ich erkennen kann, hat sie keine Tränen in den Augen. Ihr Mund ist halb offen, die Lippen verspannt, als wartete das, was sie mir sagen will, auf den richtigen Moment. »Wollen Sie nicht hereinkommen?«, frage ich heuchlerisch.

Frau Hübner sieht noch immer zu Boden. Unten im Haus fällt die Tür zu. Schritte sind zu hören. Das Licht geht an. Frau Hübner zuckt zusammen. Ihr Gesicht ist über und über rot, die geschminkten Augen glänzen fiebrig.

»Nein, lassen Sie nur«, flüstert sie, »es ist nur …«

Die Schritte nähern sich. Männerschritte.

Frau Hübner lässt ihre Handtasche aufschnappen.

»Ich hab jetzt leider keine Zeit, mein Mann kommt gleich …«

Sie reißt die Schlüssel heraus, schließt hektisch auf und zieht das rote Netz in die Diele. Durch die halb geschlossene Tür wirft sie mir einen zerquälten Blick zu. Als die Schritte auf dem vorletzten Treppenabsatz angelangt sind, höre ich die Sicherheitskette hinter ihrer Tür rasseln und schlagen. Den Mann auf der Treppe habe ich noch nie gesehen. Er ist alt und trägt eine Fellmütze. Wir grüßen nicht. Als er an mir vorbeigeht, schlägt er die Augen nieder.

An meiner Wand lehnt eine lebensgroße Figur, zusammengesetzt aus breiten, schnellen Strichen und Übermalungen in allen möglichen Abstufungen einer gräulich süßlichen Farbe. Ein weibliches Wesen, das den kleinen, aufgeplusterten Kopf in eine überdimensionale Schulter bettet, aus deren Schutz heraus es wie ein Huhn in die Welt blickt. Aus dem Ärmel des angewinkelten Arms ragt eine Hand, die nicht ihre ist, eine derbe Hand, die geziert eine Handtasche hält.

Die Handtasche hat noch immer nicht genügend Gewicht. Sie ist das einzige Detail, das ich genauer, fast naturalistisch herausgearbeitet habe. Ich gebe ihr noch mehr Bauchigkeit, setze eine reflektierende Linie auf den Bügel und auf den Wulst der Verschlussspange. Mit ihrer Handtasche trägt Frau Hübner ihren Lebensinhalt herum, die Tasche enthält ihr Geheimnis, den Schlüssel zu ihrem Reich. Sie hat mir vorhin etwas mitteilen wollen, aber ihr Mann oder ein anderer sind uns in die Quere gekommen. »Mein Mann kommt gleich …«, wie oft habe ich das aus ihrem Mund gehört. Etwas brennt ihr auf dem Herzen, das sie quält, Trost will sie, Aufmunterung oder mehr, Zeit, meine Zeit, damit sie es mir anvertrauen kann. Ohne zu überlegen, male ich eine dritte Hand, die sich wie eine Kralle in den rosa Mantelkragen schmiegt und um den Hals der Frau greift. Die Hand, die aus dem rosa Hintergrund herauswächst, ist mehr Geste als Gegenstand, eine bedrohliche Geste, zärtlich und würgend. Ich bin ruhig.

Später werden meine Freunde und die paar Menschen, die meine Arbeiten kennen und ernst nehmen, sagen: »Du hast deinen Stil geändert.« Mag sein. Vielleicht werde ich nicht mehr fähig sein, einen Menschen zu porträtieren und anzunehmen, mit meiner Arbeit seiner Erscheinung gerecht geworden zu sein. Mit dem Gedanken nehme ich Abstand von meinem unvollendeten Bild, einem Doppelporträt mit Handtasche. Im Augenblick ist dem kein Strich hinzuzufügen. Alle viere von mir streckend, lasse ich mich in meinen alten Ohrensessel fallen und nicke erschöpft und unzufrieden ein.

Klingeln schreckt mich auf. Ich knipse die Lampe an. Noch einmal klingelt es, ungeduldig. Es ist nach zehn Uhr abends. Ich haste zur Tür und öffne, ohne vorher zu fragen.

Frau Hübner steht vor mir.

Ihre Tür ist weit offen, Bühnenlicht strahlt von ihrer Diele her, Musik ist voll aufgedreht. Streicher-klänge, Harmonien wie Wind und Wellen, branden von Wohnung zu Wohnung, durchs Treppenhaus. Unter der dürftigen Treppenhausfunzel, prinzessin-nenhaft von den schmuddeligen Wänden abgeho-ben, der rosa glänzende Hausmantel. Im Gegenlicht wie mit großer Anstrengung aus dem festlich schäu-menden Klangozean herausgehalten, Frau Hübners Gesicht. Die Augen glimmen. Wohin der kindliche Glanz? Die Haut um die Augen herum ist dunkel, wie verkohlt.

Sie legt einen Zeigefinger vor den Mund.

»Bitte«, flüstert sie.

Ihre Lippen sind leidvoll nach unten gebogen, von Rissen vergröbert. Ich kenne den Mund nicht mehr. Mein höfliches Lächeln kann ich mir sparen. Ich starre sie an. Ihr nacktes Gesicht geht in mir auf. Es ist nicht Frau Hübners rosa gepudertes, aufgereg-tes Gesicht. Das Gesicht, das ich sehe, schwitzt aus groben Poren. Die Wangenknochen treten hervor. Das Kinn ist eckig. Nur die kleinen Ohren geben noch eine Ahnung von Niedlichkeit ab. Frau Hübner trug nie Schmuck an den Ohren; Perlen hätten gut zu ihr gepasst, kleine, artige Perlen in ihren Ohrläppchen.

»Ich wollte nur tschüss sagen ...«

Schmal und dünn steht sie vor mir. Der Hausmantel, denke ich, der ist ihr ja viel zu weit. Das Licht im Treppenhaus erlischt, die grelle Festlichkeit bleibt, die Streicher geben ihr Letztes. Frau Hübners Löckchen im Gegenlicht.

Tschüss will sie sagen.

Ihr Bild, fällt mir ein, mein Bild, sie darf es nicht sehen. Sie darf nicht wissen, was ich mir vorgestellt habe, wenn ich an sie dachte. Ich habe an ihr vorbeigedacht, vorbeivermutet habe ich, eine Leinwand bedient, um mich abzulenken. Ich habe die Leinwand zum Rätselraten benutzt, ich habe mir die Zeit vertrieben.

»Einen Moment, bitte«, flehe ich und stürze in mein Zimmer.

Ich packe das Bild, will es umdrehen, es nie mehr sehen.

Sie ist mir gefolgt. Sie sitzt schon im Sessel, verschwindet beinahe zwischen den breiten Lehnen. Nur ihre Locken bleiben mir treu. Ein Wahnsinnsgedanke. Ihre Locken bleiben mir treu.

Ich sehe mein Bild mit ihren Augen an, erkenne den aufgeplusterten Vogelkopf, die widerlichen Farben, die Brust, die Handtasche wie eine übertriebene Fotografie mittendrin, die würgende Hand, ein hämisches Strichmaul irgendwo zwischen den Fingern, die dünnen, langen Schuhe.

»Ich sehe es«, sagt er, »ich verstehe dich.«

Er spricht mit einer weichen, hellen Männerstimme. Damals hatte sie ätzend scharf geklungen. Im seinem Schoß, über dem rosa Seidenstoff, wühlen sich die Finger ineinander.

»Andreas kann nicht mehr«, murmelt er und schaukelt mit dem Kopf. Er beißt sich auf die Lippen, zieht die Stirn in Falten. Mit weit aufgerissenen Augen stiert er herum.

Ich höre ihn laut und bewegt atmen. Tränen rollen aus seinen Augen und befeuchten die aufgesprungenen Lippen.

»Sie hat mich erpresst«, stößt er aus und blickt dabei vor sich hin, als sähe er alles vor sich. »Weißt du, was das bedeutet? Für einen wie mich?«

Ich schüttle den Kopf.

»Immer so müssen, wie sie es wollte, wie sie es wünschte, diese … diese … diese Feine, diese … und wenn ich nicht gehorcht habe, dann …« Er schlägt mit den Fäusten auf seine Stirn ein, er trommelt auf den Kopf. Auf Frau Hübners blonde Löckchen prügelt Herr Hübner. Mitten in der Bewegung hält er inne und lässt die Hände in den Schoß fallen. Jetzt sehen wir uns in die Augen, Andreas Hübner und ich. Er sieht mich an, als wollte er mir das Gehirn aus den Augen ziehen, aber ich weiß nicht, wohin er blickt und was er sieht. Ich lasse mich einfach in seinen Augen hängen.

»Sie kommen gleich«, murmelt er, »gleich kommen sie. Ich wollte dir nur tschüss sagen. Und danke.«

Die Türen sind noch immer offen. Es ist kalt. Die Unerbittlichkeit dieser Harmonien.

Ich lege meinen Kopf nach hinten. Die Wand gibt nach und rückt weg. Sie stehen alle nacheinander vor mir auf, die pikiert mir von den Erwachsenen ferngehaltenen Ungeheuer meiner Kindheit. Die feine alte Dame in der Villa weit hinten in ihrem Garten, die mit niemandem redete. Die Russischlehrerin Kowoll mit Herrenschnitt und Maßanzug. Der Mann, der ab und zu auftauchte und »RaRa!« durch die Straßen schrie, in Abständen immer und immer wieder. Alle diese Menschen, vor denen ich mich hüten muss, sonst passiert was. Die Frau, die es im Krieg mit Russen, danach mit Amis treibt. Der Untermieter, der am offenen Badezimmerfenster onaniert. Die Frau mit dem schönen großen Mund, die in wilder Ehe lebt. Sie zeigen sich wie über einen Stock gezogen, nicken einmal und versinken wieder. Und am Ende bleibt da ein Mädchen an der Haustür, mit seinem Zeichenblock unterm Kleid versteckt, auf jeder Seite Masken und Fratzen und Schuhe mit gebogenen Spitzen und vielfältigen Schleifen; ein Mädchen, das aus der Türfüllung schaut und auf die gute Hexe wartet, die ihm endlich zeigen soll, wie man das macht, hinter die Dinge zu sehen. Es kommt nur mein Freund, der Nachbarsjunge, der immer mit meiner Puppe spielt, die ich sowieso nicht leiden kann. Sonntags darf ich mit ihm in der Truhe kramen, aus der wir Omasachen hervorwühlen. Wir verkleiden uns. Er trägt ein langes, schwarzes Kleid mit breitem Spitzenkragen. Mit verstellten Stimmen und gruseligen Bewegungen machen wir die Straßen unsicher – bewegen sich die Gardinen? Nicht erschrecken, sagt er, kommst du mit? Meine Eltern sind nicht zu Hause, sie kommen erst heute Abend.

Kommen, hat er gesagt.

»Wer«, frage ich, »wer kommt?«, und ich möchte die Frage zurückstopfen, als ich das Gesicht meines Nachbarn erkenne, das sehnsüchtige Lächeln, das plötzlich bitter wird.

»Die Weißen«, sagt er, »die Weißen kommen. Ich habe sie gerufen.«

Da endlich nähert sich die Hexe. Sie springt aus seiner Stimme, sie formt sich aus seinen Locken, hüpft ihm von der Hand und führt mich zu ihm. Sie kann Herrn Hübner ohne Entsetzen ansehen.

Die Hexe sagt: »Ich will was für dich tun.«

»Komm mich mal besuchen«, flüstert Herr Hübner. Er zittert.

»Lass dir die Adresse aufschreiben«, kann ich gerade noch verstehen. Schritte und Männerstimmen draußen. Jemand stellt die Musik ab. Andreas Hübner springt auf mich zu und fällt mir um den Hals. Ich umarme beide.

»Danke«, haucht er. Sie nehmen ihn mir ab.

Viel Weiß um mich, Männer in zerknitterten,

weißen Kitteln, ein weißer Luftzug hinter der Stirn, Schneefarben knittern herab. Wir dürfen die Handtasche nicht vergessen, die mit dem Schlüssel. Jemand reicht mir eine weiße Tablette und ein Glas Wasser.

»Was wollen Sie hier?«

»Nur ganz leicht«, sagt der Pfleger, »nur zur Beruhigung.«

Frau Hübner ist verschwunden.

Das ruhige Leben

Die Balkontür steht angelehnt. Sonntags macht die Dunstabzugshaube mehr Krach als die Straße, fällt mir auf. Huhn indisch. Es riecht nach In-die-Wolken-Gucken. Nach Starren auf den Teppich. Nichtstun. Und nach noch etwas riecht es. Ich schließe die Augen.

Aus dem Kinderzimmer tönt Peters Stimme. Der Kleine spielt mit seinen Stofftieren. Er spricht mit ihnen und sie sprechen mit seiner hellen Stimme zu ihm, ich weiß auch, worüber. Was war, was ist, was sein wird. Das bewegt so einen kleinen Kerl, wie es jeden auf seine Weise bewegt. Spiderman ist auf eine Wolke geklettert und hat von dort aus einen jungen Löwen gerettet, der sich im Urwald verirrte. Jetzt sind alle froh. Nachher gehe ich mit Mama und Wolf spazieren und Eis essen, vielleicht werden wir auch baden. Zum Mittagessen gibt's Vanillesoße. Morgen wird meine Kinderhortgruppe mit dem Bus zum Zirkus fahren. Darüber lässt sich mit einem Bären, einem Affen, einem Hasen lange reden. Sonst kommt der Kleine dauernd angerannt und teilt uns mit, was ihm gerade einfällt. Er wartet kaum unseren Kommentar ab, rennt gleich wieder in sein Reich zurück und holt sich dort die nächste Mitteilung ab.

Der Tag hat gut angefangen. Beim Frühstück hat sich Peterchen ganz allein eine Scheibe Brot bestrichen. Das hat eine Weile gedauert, gekleckert hat er auch, aber Susanne hat ihm nicht das Messer aus der Hand genommen. Ich kann mich nicht erinnern, Stofftiere gehabt zu haben. Eine Oma hatte ich. Irma. Mit der konnte man Witze austauschen und Fahrrad fahren und »Mensch ärger dich nicht« spielen, Halma und vieles andere. Ach, Irma.

Im Fernseher diskutiert die Journalistenrunde über Logik und Irrtum von politischen Extrempositionierungen. Nächsten Sonntag sollen wir wieder mal unsere Abgeordneten wählen. Ich wollte vorhin ein bisschen hineinhören in das seriöse Gelaber, aber Susanne hat den Ton abgestellt. Aufstehen und den Fernseher ganz ausstellen, damit riskiere ich, dass sie den Mund verzieht, dann komme ich mir wie ein Schüler vor. Im Gegensatz zu mir mag Susanne es, wenn der Fernseher ohne Ton läuft. Sie liest in ihrer Wochenzeitung. Ich sehe nur ihre übereinandergeschlagenen Beine vor dem Sofa, der Rest ihres Körpers ist von der Zeitung verdeckt. Wenn Susanne am Sonntag nicht Zeitung liest, telefoniert sie. Außerdem muss sie sich ums Essen kümmern. Ich sehe mir normalerweise die neuesten Fachzeitschriften an oder spiele mit Peter. Jedenfalls, wenn er darauf besteht. Der Kleine kann ganz schön hartnäckig sein.

Ich merke, ich sitze etwas steif in meinem Ohrensessel. Auf meinen Knien liegt das Buch, das ich mir gestern gekauft habe. Meine rechte Hand liegt auf dem Umschlag, bedeckt das Foto. Ich starre in ein gelbes Teppichmeer.

Maisgelb war die Wachstuchdecke auf Irmas Küchentisch. Mit ihrem braunen Lappen hat Irma darübergewischt, vor dem Essen, danach, dabei und wann es ihr sonst noch einfiel. Auf einmal war der Lappen in ihrer Hand und sie wischte los. Schnipsel und Krümel und Gestank drückten sich darin ein und auf dem gelben Wachstuch blieben gräuliche Schlieren zurück. Sie hielt den Lappen unter den dünnen Wasserstrahl, rubbelte ihn zwischen den Händen, wrang ihn aus und hängte ihn über den Bogen des Wasserrohrs. Der Lappen stank. Ich mochte den Gestank. Er gehörte zu Irmas Küche und den Schlieren. Ich brauchte nur lange genug draufzustarren, schon verwandelten sie sich in eine Landschaft mit Flüssen und Hügeln und Wegen. Winzige Wesen rannten herum, halb Ameisen, halb Teufelchen.

Ich kann mich nicht von dem Gelb lösen. Ich sehe Irma Kartoffeln schälen, Gemüse putzen. Fleisch in Stücke schneiden. Mich seh ich auch, Kopf über ein Buch gebeugt. Normalerweise habe ich nur im Bett gelesen, aber am Sonntagvormittag saß ich mit meinem Buch am Küchentisch, bis Irma mit Essenkochen fertig war. Buch vor der Nase ist ein gutes Alibi für Heimlichkeiten. Verstohlen und etwas angestrengt habe ich von unten her zu Irma hingeschaut. Beim Zwiebelschälen fuhr sie sich mit dem Handrücken über die Augen und fluchte. Sie beugte ihren runden Kopf über ihre Hände. Ich konnte die schwarzen Haarnadeln in den kreuz und quer zusammengehaltenen Haaren zählen. Wenn

Irma am Herd stand und umrührte, sah ich ihren Ellbogen sich im Kreis bewegen und ich sah auch ihre Hinterpartie zittern. Die Bänder ihrer Schürze waren so lose zur Schleife gebunden, dass ich mich überwinden musste, nicht an den Enden zu ziehen. Ich habe die Ellbogen aufgestützt und den Kopf auf die Hände gelegt und mir gewünscht, in der Landschaft unter meinen Augen zu verschwinden. Nie mehr vom Tisch aufstehen, nur träumen, eingehüllt von Gerüchen und Gestank und Irmas Selbstgesprächen. Sie dreht sich um und grinst. Bist ja so still, Junge! Ihre rußige Stimme, ich hab sie im Ohr. Am Sonntagabend haben wir uns oft den Krimi angesehen, ich auf meinem Stuhl, sie auf ihrem Sessel in der Ecke. Ich seh uns sitzen und Glotze gucken. Der Fernseher stand neben der Spüle.

Sonntage sind was Besonderes. Man muss nichts sagen, niemandem seine Unentbehrlichkeit beweisen. Kein Schwiegerelternbesuch heute, die Unstimmigkeit gestern im Kaufhaus scheint vergessen. Ein Duft schwebt vielversprechend in der Luft. Susanne lässt Fleisch und Bambussprossen über Nacht in Tunken aus Weißwein und Sojasoße und Gewürzen ziehen. Vorher der Duft, nachher das Essen. Indisch, thailändisch, chinesisch, italienisch, schwäbisch, griechisch. Sie sieht immer so glücklich aus, wenn es mir schmeckt. Vielleicht bin ich deswegen mit ihr zusammen. Zusammen essen und es sich schmecken lassen, ist auch eine Art Liebe. Ich sitze und starre und fühle, wie es riecht. Das Telefon schweigt. Ein dunkles Gewürz streut sich in mich. Verteilt sich wie Nebel. Bis in die Kehle. Ich schlucke.

Susanne steht vom Sofa auf.

Susanne mit ihren schlanken Jeansbeinen, ihren langen schmalen Füßen. Wir leben zusammen. Liegen beieinander, schlafen in einem Bett. In der Nacht habe ich sie umarmt. Susanne. Weich glatt warm. Sie hat sich zu mir umgedreht, meine Schultern mit ihren zarten Fingern gestreichelt. Sogar etwas scharf war sie, hat ein bisschen gestöhnt. Ob sie mich am Schwanz berührt hat, um mich zu erregen, ob ich mich selbst erregt und dabei an Hanno gedacht habe, ich weiß es nicht. Ich kann nicht garantieren, ob wir wirklich etwas miteinander haben. Was soll das auch heißen. Man kann zusammen schlafen und nicht beieinander sein. Aber ich glaube, ich habe ihre Muschi gekrault. Ich glaube sogar, ich habe versucht, Susanne zu ficken, so wie ich jetzt versuche zu lächeln.

Wozu immer alles so genau wissen. Jetzt auf einmal habe ich nur noch ihren guten Geruch bei mir. Ihr helles Haar, ihre Haut, ihre graugrünen Augen. Die Leichtigkeit, mit der sie aufsteht, der Schwung ihrer Arme, wenn sie neben mir geht, mir Essen auf den Teller gibt, die Biegung ihres Halses.

Meine Hand gleitet über den Buchdeckel. Ich höre Susanne zurückkommen, die schöne Köchin lächelt mich an. Sie kennt meinen Sonntagshunger. Auch ohne Aufmachung sieht sie tadellos aus.

Meine Stirn runzelt sich. Ich schüttele den Kopf. Verscheuche die Erinnerungen. Ist doch alles gut.

Nach dem Essen geht's zur Krummen Lanke. Falls es zum Schwimmen schon zu kühl ist, werden wir erst um den See spazieren und dann Eis essen. Morgen ab neun heißt es wieder funktionieren, bis achtzehn Uhr, Dreiviertelstunde Mittagspause. Leuten Digitalkameras andrehen, samt Zubehör, den ganzen Schnickschnack, damit sie sich noch schneller ihre Bildchen machen können.

Susanne setzt sich. Sie nimmt die Zeitung nicht vom Sofatisch auf. Beugt sich über den Tisch, um zu lesen. Streicht sich eine Haarsträhne aus dem Gesicht. Wie schön sie ist. Ihre Schönheit verspricht mir etwas und sie weiß davon nichts. Auch ich könnte nicht klar in Worte fassen, was sie mir außer ihren Mahlzeiten verspricht. Sie sitzt da und liest und ich spüre es wieder, das Versprechen, das sie verkörpert, und meine Wortlosigkeit. Ihre Schönheit genießen, das Schöne behalten wollen. Vielleicht ist es das. Aber was daran ist es? Ich mahle mit den Zähnen. Das Schöne löst sich auf, in Ärgeres als nichts. Was denke ich da. Nichts, was auch zwischen ihr und mir gewesen sein mag, im Dunkeln auf unserer breiten rückenfreundlichen Matratze, nichts fühle ich, wenn ich danach zu mir zurückkehre. Lästiges Zubehör, das man von sich wegstößt. Ich habe mich selbst weggestoßen von dem, was ich eigentlich wollte. Im Stich gelassen von mir, meinem Begehren liege ich da. Abgestoßen falle ich von Susanne ab, von allen Frauen. Der Geruch, der mich gerade noch verrückt macht, aus mir raus- und in sie reinzukommen, der Geruch klebt wie Hohn an mir.

Sie liest gern im Wissenschaftsteil. Ich kann das Fettgedruckte von hier aus nicht erkennen. Neuester Stand der Krebsforschung, programmierter Zelltod, Genmanipulation, neben den politischen Sachen interessiert sie so was sehr, und natürlich auch Pädagogik und Psychologie. Nachher, beim Essen, wird sie mich informieren. Sie mag es, wenn ich sie frage und sie das Gelesene dann zusammenfasst. So prägt es sich ein, findet Frau Lehrerin. Buchrezensionen überfliegt sie, damit sie auf die Schnelle Bescheid weiß, was sich lohnt zu lesen. Sie hält mich auf dem Laufenden. Ich könnte das Buch beiseite tun und zu ihr gehen. Ich könnte mich hinter das Sofa stellen und meine Arme um ihren Hals legen und meine Nase über ihr Haar reisen lassen. Ich höre Peter lachen. Ja, so!, ruft der Kleine und schlägt eine Weile rhythmisch auf den Boden, mit einem Bauklotz oder einem Schuh.

Ich schiebe die Hand vom Buch weg. Das Porträt nimmt die Fläche des Einbandes ein. Knapp über dem unteren Rand steht in dünnen weißen Großbuchstaben der Titel. »Mutationen«. Der Mann auf dem Titelbild sieht mir in die Augen. Dieser Blick war mir gestern im Kaufhaus von einem Wühltisch mit Büchern aufgefallen. Ich wollte daran vorbei, doch ich bin stehen geblieben und habe nach dem Buch gegriffen. Gepackt habe ich es und bin damit zur Kasse, Susannes Entrüstung im Rücken. Die

Mutter will nicht, dass der Kleine so was sieht, warum fragt und von Ungeheuern träumt. Ich habe das durchaus verstanden, war ich doch selbst einmal ein leicht zu erschreckendes Kind. Aber das Buch musste ich haben. Warum mir das Bild aufgefallen ist, mehr noch, warum es mich angesprungen hat, das Porträt eines Mannes auf einem Buchdeckel in einem Haufen anderer Bücher, warum ich es unbedingt in den Händen halten wollte – ich weiß es nicht. Ich kann es mir nicht erklären. Mit der Tüte in der Hand bin ich Susanne und dem Kleinen hinterhergelaufen. Sie hat ganz langsam den Kopf geschüttelt, wie immer, wenn ihr etwas nicht passt. Sagen muss sie kein Wort, ihre Mundwinkel sprechen genug. Betont aufmerksam habe ich mich dann dem Kleinen zugewandt, ihm sogar ein Memory mit Motiven aus Buchstaben gekauft. Memory macht intelligent, darüber hinaus trägt das Spiel zum vorschulischen Lernen bei, dagegen konnte Susanne nichts haben. Zu Hause habe ich die Tüte mit dem Buch in meiner Schublade verstaut und, wenn ich schon mal am Sonnabend frei hatte, bis zum Abendessen mit Peter im Kinderzimmer Memory gespielt. Erst danach bin ich zum Fitness gefahren. Hanno, den ich vom Studio aus anrief, war nicht da. Ich wollte ihm sagen, dass ich mich nach ihm sehne.

Das Gesicht ist aus zwei unterschiedlichen Hälften der Länge nach in eins gewachsen. Die eine Hälfte, flächig und breit, könnte einem Chinesen, Japaner oder Koreaner gehören, die andere Hälfte, markant und knochig, einem Mexikaner. Die Nase ragt wie ein Auswuchs aus dem Gesicht, eine Seite flach mit kaum herausgehobenem Nasenflügel, die andere Seite mit breitem Nasenflügel und ausgeprägtem Nasenloch. Der Nasenrücken wie ein eingedrückter Grat. Ich kneife das rechte Auge zusammen, das linke. Das Gesicht verschiebt sich, der Blick bleibt bei mir, ein ungeteilter Blick aus einem Schlitzauge und einem Glutauge. Ich muss mir bewusst machen, dass ein Mensch nicht im selben Moment zwei verschiedene Augenausdrücke haben kann. Der Mann ist ein Mensch, ist eine Person und nicht zwei, auch wenn er aussieht, als wäre er aus zweien zusammengestellt. Der Bogen der wulstigen Lippe endet in der Mitte, wie angeklebt schließt sich die schmalere Lippenhälfte an. Auf der niedrigen Stirn ist keine Naht zu erkennen, auch nicht am Kinn. Stirn und Kinn gehören genetisch zusammen. Durch das halb glatte, halb gelockte dunkle Haar zieht der Scheitel die Grenze. Unwillkürlich fahre ich mir mit einer Hand durchs Haar.

Ich hebe das Buch an, bewege es über den Knien hin und her. Der Blick folgt mir. Ich lege es auf die Knie zurück, schlage es auf, überfliege das Vorwort. Einzelne Vokabeln bleiben hängen. Wahrnehmung. Menschenbild. Grenzen. Normal. Nicht normal. Geschmacklos. Sensation. Tabubruch. »Schon ehe wir den Blick auf einen anderen Menschen richten«, lese ich, »scheinen wir zu wissen, was wir sehen. Wir meinen, im Bilde zu sein. Was wir sehen, ist bereits in uns gefasst, ehe wir es ins Auge fassen, auch oder gerade wenn uns der angesehene Mensch ungewöhnlich vorkommt. In Form von Urteilen ist sein Anblick in uns vorgebildet. Im Bilde sein, die Redewendung ...« Verdammt, das ist mir zu hoch. Ist mir zu viel. Ich bin nicht im Bilde, in keinem Bild bin ich. Wäre gern in einem Bild, in das ich passe und das mir passt. Gut und fest gerahmt wünschte ich es mir. Ich klappe das Buch zu.

Aus seinem schmalen Auge mit Schlupflid und seinem runden Auge mit dicht gebogenen Wimpern sieht mir der Mann in die Augen, als wollte er gleich den Mund aufmachen und zu mir sprechen. Was du hier siehst, ist eine Fotografie von mir. Ja, ich scheine es zu sein, der da auf dem Bild, aber im Bild bin ich deshalb noch lange nicht. Du auch nicht. Niemand ist es. Ich bin hier zu sehen, das Bild hält mich fest, man erkennt den, der so heißt wie ich, doch wer ich bin, erkennt man nicht.

Was denke ich da schon wieder?

Susanne schaut über ihre Zeitung zu mir hin, als hätte sie mein Herzklopfen mitbekommen. Sie liest weiter. Gut, dass ich auf Irmas Sessel sitze. In der Küche stand er gleich neben dem Fenster. Hinter meinem Kopf, in dem dunklen Fleck in der Rückenlehne lebt noch ihr Kopf mit dem wirren dünnen Haar, wenn sie vor der Glotze eingenickt war. Sie schlief mit offenem Mund. In aller Ruhe konnte ich mir dann ihr runtergeklapptes Obergebiss ansehen.

Wenn sich Irma geärgert hat, sind ihre Hände auf den Armlehnen hin und her gerutscht. Sie hat sich oft geärgert. Kürzungen am falschen Ende, die Schwachköpfe im Fernsehen, diese Wichtigtuer. Sie schimpfte und drohte mir, wenn ich wieder mal spät nach Hause kam. Von der Rutscherei ihrer Hände ist der Gobelin speckig geworden, das Blumenmuster verwischt. Drei Putzstellen im nächsten größeren Ort, mit dem Fahrrad mindestens zehn Kilometer hin, zehn zurück, der Garten, das Haus, fast nur ein Gartenhaus, aber immerhin ein Haus und dann ich, der Träumer, dem man jedes Wort aus der Nase ziehen musste. Kein Leben auf Rosen. Ich habe gerade das Gefühl, sie legt die Arme um mich, ihre weichen Arme, die immer ein bisschen rauchig riechen.

Susanne hat die Beine zwischen Couchtisch und Couch übereinandergeschlagen. Ihre langen Beine schaffen noch auf engstem Raum Platz zum Bewundern. Die schlanken Knie. Die Linie des Schenkels, nicht rund, nicht flach, perfekt. Ihr Haar hängt wie ein Vorhang neben dem Gesicht. Haarspitzen berühren die Zeitung.

Ich beiße mir auf den Lippen herum, weil ich mich wieder in die alten Geschichten reinsteigere. Ich komme da einfach nicht raus. Gegen Susannes Gemecker, das grässliche Möbel endlich beziehen zu lassen, passend zum Teppich, zur Couch, wenn es schon unbedingt im Wohnzimmer stehen bleiben soll – gegen ihre Tiraden habe ich mich durchgesetzt. Irma bleibt, wie sie ist, unpassend, unbeliebt. Ihre geballte Faust, wenn sie sich über das Pack nebenan aufgeregt hat, ihr Lachen, ihr derbes Mundwerk. Beides hat sie wie ein Schild vor sich und mich gehalten. Stark wie Irma wäre ich gern. Das Gerede der achtbaren Leute, die Kälte ihrer Blicke können mir nichts anhaben, solange sie aufgepasst hat. In ihrer Wut war ich aufgehoben, bin es immer noch. Wut wie eine Axt, mit der sie über den Zaun durch Gardinen und Wände in die Reinlichkeit gehackt hat. Die Alte ohne Mann, die Junge, die eines Tages nicht nach Hause kommt und sich von da an nie mehr blicken lässt, so eine Schlampe, einfach zu verschwinden und der verrücken Alten den Vierjährigen zu überlassen; der Stiefvater, der, kaum dass er auftaucht und ein bisschen Geld auf den Tisch legt, schon wieder verduftet, der Bengel, der im Sommer keine Kochwäsche trägt, sondern bunt gemusterte Oberhemden, weit aufgeknöpft, da stimmte doch etwas nicht. Irma, die grantige Großmutter und ich, wir beide haben einen guten und billigen Stoff abgegeben, greifbar für die Leute, angreifbarer als die Fertigteile in der Glotze. Die Alte ist nicht ganz dicht. Der Junge gehört ins Heim. Irma, ihre raue Hand, ihr nachsichtiges Gackern, ihr Gesicht voller Spottfalten. Stumm habe ich sie verteidigt gegen Getuschel und Naserümpfen und gewisse Vermutungen, mit denen die Mitmenschen nicht mal daneben lagen. Diese scheelen Blicke, wenn wir vom Einkaufen oder am Sonntag von einer Fahrradtour über die Felder nach Hause kamen und die Nachbarn zur Rechten mit denen zur Linken an der Gartenpforte standen und grußlos zur Seite sahen. Ich habe dafür gesorgt, dass ich gute Noten bekam und in Sport nicht der Schlechteste war, abgeschottet habe ich mich und gegrübelt. Mit vierzehn, fünfzehn mich für meine unbeholfenen Entgegnungen auf die Zärtlichkeiten falscher Väter mit Taschengeld belohnen lassen und davon geträumt, in einer richtigen Familie zu leben, wo Papa, Mama, Oma und ich am Sonntag zusammen essen und einander was erzählen, wo mein Vater von Mann zu Mann mit mir spricht und es zu Weihnachten Geschenke gibt. Stattdessen kein Wort über meine Mutter, nicht mal ein Foto. Nur mein Nachname, der meiner Mutter. Irma wurde steif, sobald ich anfing zu fragen, warum sie nie da war und wann sie endlich wiederkäme, eisig wurde ihr Gesicht, wenn ich sie löcherte, warum mir denn niemand etwas über sie sagen wollte. Sie werden ihre Gründe gehabt haben, meine Mutter aus ihrem und meinem Leben zu streichen. Thema Mutter war tabu. Aber gerade deswegen war sie immer anwesend. Was ist das nur heute mit mir, was soll das. Träumer, Träumer! Dann träum ich eben, Scheiße noch mal, ich kann nichts dafür, ich seh mich vor ihrem Schrank stehen.

Der Schrank stand in der Dachkammer des Vaters, ein uralter Kleiderschrank mit Löchern im Holz. Nahm fast ein Drittel des Raumes ein. Stand da bestimmt schon, ehe meine Mutter ins Haus zog. So lange sie da lebte, wird sie jeden Tag den Schlüssel umgedreht, den Schrank aufgemacht, Sachen rausgenommen, Sachen reingetan, die Tür zugeklappt und wieder abgeschlossen haben. Als ich zehn, elf war und allein im Haus, kam ich mal auf die Idee, den Schrank zu untersuchen. Der Schlüssel steckte. Ich drehte ihn und zog beide Türflügel auf. Steckte meine Nase zwischen die Sachen, die auf Bügeln an der Stange hingen. Hielt meine Nase zwischen Wäschestücke und Pullover in den Fächern. Als ich dann vor dem geöffneten Schrank stand und nicht mehr wusste, was ich da zu suchen hatte, merkte ich, dass mich die Gerüche nicht losließen. Holz und Staub und Zigarettenrauch und Schweiß und Autobus und Waschmittel und Frau und Mann hatten sich in mich eingelassen wie Drähte in einem Kabel. Nah aneinander und fein säuberlich voneinander getrennt. Ich schlug die Türen zu und floh die Treppe runter in die Küche, rein in Irmas Sessel. Irma war noch arbeiten. Ich zappte durch die Programme. Bei einem Film über Delfine blieb ich hängen und beruhigte mich. Als Irma nach Hause kam, schwieg ich. Das kannte sie ja. Am nächsten Nachmittag schlich ich mich wieder zum Schrank. Da bemerkte ich zu den Gerüchen von gestern einen Duft. Der hat sich überall in mir ausgebreitet. Dabei wurde ich immer kleiner. Bis mich zwei Hände unter den Achseln griffen und hochhoben und ich meine Nase an einen weichen Nacken drückte. Der Duft war wunderbar. Ich habe geheult und mich gewehrt, als mich die Hände wieder auf dem Boden absetzten. Ich glaube, ich wusste nun, wonach ich gesucht hatte. Gefangen zwischen den Türen rannen mir Tränen runter.

Seitdem war ich mir meines Geruchssinns bewusst. Manchmal schießt die Witterung übers Ziel hinaus. Ich seh jemanden an, höre zu, rede selbst, bin wie immer. Auf einmal, ganz unvermittelt, kann ich den Menschen vor mir erriechen. Der Mensch, jedenfalls das in diesem Augenblick Wesentliche von ihm, kommt als Geruch bei mir an. Meine Nase mag ein Parfüm mitbekommen, einen Mundgeruch oder sonst eine Ausdünstung. So ein Geruch ist es dann nicht. Meine Nase ist nicht beteiligt. Mit Augen, Ohren, meiner Haut kann ich den Menschen erkennen. Ein siebtes Sinnesorgan spürt dessen Eigenart. Die Ausstrahlung. Das Wesen eben. Ich kann es riechen, wie mich jemand anschaut. Ja. Das Wie einer Stimme, einer Handbewegung kann ich riechen. Ich haue ab oder ich werde neugierig und will mehr von dem Geruch. So plötzlich er auftaucht, verzieht er sich wieder. Zum Beispiel das Lachen in einem Gesicht, das überhaupt nicht alt aussieht und für mich eben trotzdem gerochen hat wie verfaulte Blumen oder alte ranzige Haut – woher weiß ich überhaupt, wie alte, ranzige Haut riecht, wie komme ich auf so was –, es ist auf einmal wieder ein Lachen, das ich unbegleitet höre und sehe. Glücklich bin ich nicht über meine Fähigkeit, unglücklich auch nicht. Aber ich fühle mich jedes Mal erleichtert, wenn ich merke, dass mein Geruchssinn wieder in der üblichen Weise funktioniert. Im Augenblick habe ich eine säuerliche Schärfe in der Nase, darin etwas schwachsüß Bräunliches, Haselnuss und Nelken, Vanille darübergewedelt.

Ich schlage das Buch wieder auf, blättere bis zur ersten Fotoseite. Noch einmal das Titelfoto, darunter ein Name. Pedro Fortunas. Ein stolzer Name. Passt zum Gesicht. Nächste Seite, ein Mann, dessen Arme aus der Hüfte wachsen. Thomas Anthony Weller. Ein Arm hängt ihm bis zu den Füßen. Die Finger berühren den Boden. Den anderen Arm hat er angehoben. Treuherzig reicht er mir die Hand hin. Eine kräftige, gut geformte Hand. Unterm Nagel des Mittelfingers kann ich das Schwarze erkennen. Auf der nächsten Seite lacht eine Veronessa Fontana. Von Kopf bis Fuß Fell statt Haut. Behaart wie ein Bär. Zähne ebenmäßig und sehr weiß. Kathy & Bridget Limmeter. Am Hinterkopf zusammengewachsen. Schleifchen im Haar. Beide lachen. Ihr Lachen sieht glücklich aus. Ein Hautgeschwür von Mensch. Tatsächlich, ein Brocken Lava, ein Schwamm mit Augen, Händen, Füßen. Francois Sommarnier. Verfluchte genetische Laune, dieses vermurkste Fleisch. Kein Maskenbildner, kein ausgebuffter Computerdesigner kriegt das so hin. Die Natur hat immer noch die beste Fantasie. Dem nächsten Mann baumeln zwei Kinderbeine an einer Seite des Bauches. In der Mitte ihrer Oberschenkel setzen sie an, die Beinchen. Man hat ihnen gestrickte Strümpfe übergezogen. Die Füße in Halbschuhen zeigen nach innen zur Hüfte des Mannes. Er hat einen russischen Namen. Zu jeder Fotografie gehört ein Name. Meine Hände sind feucht. Ich will aufstehen, weglaufen. Ich bleibe sitzen und schlage das Buch nicht zu. Bemühe mich, ruhig zu atmen.

Schön langsam weiterblättern, Seite für Seite.

Gestalten aus Märchen- und Sagenbüchern, Bilder, die mich als Kind verfolgten, nächtelang, stehen um mich herum, recken die Köpfe, strecken die Hände aus. Gnome, Hexen, Engel. Götter mit vielen Armen, Menschenköpfe auf Hälsen von Löwen und Schweinen. Wo sind meine Bücher abgeblieben? Die Götter haben Prometheus an den Fels geschmiedet, ihr Mutationen seid jetzt an meinem Blick. Ich lege die rechte Hand auf das Profil des Mannes, dem der Hinterkopf fehlt. Dimitri Kofoulos. Das Profil wird vom Schnabel beherrscht. Kaum erkennbar, die Adern unter der Haut seiner Hand. Ich halte die Luft an. Die Luft will sich als Seufzen entladen, als Schluchzen. Mein Gesicht soll mich nicht verraten. Ich ziehe die Hand vom Bild weg. Der Vogelkopf lacht. Der ausgezehrte Menschenkörper scheint mitzulachen. Wie ein Würstchen komm ich mir vor. Glück gehabt, mich hat man verschont. Alles Zufall. Du büßt für Untaten, die du nicht begangen hast, als wäre Vergebung auf dem Stellvertreterweg möglich. Der Vogelmann lacht sein festgehaltenes Lachen. Liebt dich jemand? Für meinen kleinen Schauder bist du da. Und ich, wofür ich?

Kinderlaute. Das auf- und abflauende Brummen draußen. Mein linker Mundwinkel zuckt. Schöne feste Brüste, ein prächtiger Penis zwischen sportlichen, behaarten Beinen. Mir entfährt ein Kichern. Derart ausgeprägt ist mir Zweigeschlechtlichkeit bisher nicht vor die Augen gekommen. Das Gesicht schwebt zwischen Mann und Frau hin und her. Es lächelt entschieden. Lächeln hat kein Geschlecht. Der Gedanke gefällt mir. Hannos Gesicht steht auf einmal zwischen mir und dem Bild des Transsexuellen. Hannos Haar, ungebändigt, seine Mädchenlippen, die ihn in einen Mann verwandeln, wenn er lacht. Augen eines großen Vogels, die Augen einer Greisin. Auch mein Gesicht strotzt nicht gerade vor Männlichkeit, das weiß ich. Noch mit dreizehn, vierzehn haben mich freundliche Damen für ein Mädchen gehalten. Die Frage »Junge oder Mädchen?« hat mir geschmeichelt, weiß ich noch. Hat Spaß gemacht, den Gekränkten zu mimen. Mädchen? Ich? Wieso? Einmal habe ich vor den Augen der Verkäuferin, die mich das gefragt hat, meine Hose runtergelassen. Hat Irma gelacht.

Die Zeitung raschelt, Susanne erhebt sich.

Ich kehre zu meinem Buch zurück. Ein Kahlkopf. Wo Ohren hingehören, sitzt jeweils ein Knorpel wie eine Erdnuss. Wie an den Kopf geschraubt. Ich halte meine Hände hinter die Ohren. Biege die Ohrmuscheln vor und höre alle Geräusche verstärkt. Susanne kommt zurück. Ohne einen Blick zu mir setzt sie sich wieder hin. Als wäre ich Luft. Ich hebe das Buch weit aufgeschlagen hoch und drehe es in ihre Richtung, damit sie den Ohrenlosen sieht. Damit sie ein Wort sagt. Verschone mich mit solchen Sachen. Damit ich etwas dagegen sagen kann. Sie lehnt sich an. Nimmt die Zeitung und hält sie sich vors Gesicht. Sie schlägt energisch die Beine übereinander.

Ich lege das Buch auf meine Knie zurück. Starre durch den Mann ohne Ohren hindurch. Wenn ich meine Gedanken nicht auf die Reihe kriege, wie könnte ich dann Susanne dazu bringen, meinem Gestammel zuzuhören ohne gleich abzuwinken? Argumente, davon lässt sie sich überzeugen. Sie hätte, verdammt noch mal, hinsehen sollen. Diese Mutationen sind Menschen. Sagte ich ihr das jetzt aber, weiß ich, was sie entgegnen würde. Wenn du es für nötig hältst zu betonen, Mutationen seien Menschen, hast du wohl vorher den Gedanken gehabt, ihnen ihr Menschsein abzusprechen. Mit solchen Spitzfindigkeiten stellt sie mich kalt.

Ich bringe es nicht über mich, etwas länger auf einer Seite zu verweilen. Ich schäme mich, weil ich es verdammt leicht habe, so wie ich geraten bin. Ich hetze von Seite zu Seite. Das nächste Bild soll das vorige noch übertreffen an Abartigkeit. Woher diese Gier? Sie ähnelt der Geilheit, so viel ist klar. Geilheit ohne Hände, die nach immer heißerem Fraß verlangt. Als ich gestern das Buch entdeckte, war nicht eine Spur von Geilheit in mir. Verwundern eher, wie es einen überfallen kann, wenn man sich erinnert fühlt und nicht darauf kommt, woran.

Ich höre einen erschrockenen Laut. Wie ein in die Kehle gezogenes Stöhnen. Ich sehe Susannes zornig verzweifelten, tränennahen Blick auf mich. Sie ballt die Hand zur Faust und schlägt auf ihre Zeitung ein. Sie springt vom Sofa auf.

»Verdammt! Ach, verdammt!«

Ein Arm schnellt vor, ein Zeigefinger weist wie ein Pfeil mit signalroter Spitze auf den gelben Boden: »Sieh dir das an.« Sie starrt mich an. Ihre Augen blinzeln. »Sieh dir das an!«

Ich sehe mir das an, wo sie hinzeigt. Ein kleiner Fleck.

»Das warst du! Gestern Abend! Rotwein!«

Sie steht auf. Schiebt sich an Couchtisch und Couch vorbei und stellt sich in Kampfhaltung neben den Fleck. »Wie oft soll ich dir das noch sagen!« Ihre Stimme überschlägt sich. »Du sollst aufpassen! Hab ich dir das nicht schon hundert Mal im Leben gesagt!«

Buch zuklappen. Die einzige Bewegung, die ich zustandebringe. Vorgebeugt sitze ich, gelähmt vom Wunsch zu wachsen. Riesig werden. Mich bücken, Susanne packen. Sie mir vors Gesicht halten. Schnauze!

Mein Körper ist angespannt bis in die Hände, die sich auf dem Buchdeckel verkrampfen. Wie ich ihr Kontra biete, wenn sie ausrastet, auf welche Weise es mir gelingt, ihr den Mund zu stopfen, wartet in mir. Ist vorbereitet wie ein Klumpen Teig. Brauchte nur ausgerollt zu werden. In Gedanken kusche ich nicht. Schlag ins Gesicht, Kleinigkeit. Solche Hirngespinste überfallen mich nachts, Stunden, nachdem ich wieder den Schwanz eingezogen habe. Susanne verdreschen. Wenn ich mir das vorstelle, fühle ich mich besser.

Ich lasse mein genervtes Seufzen ab. Mit vorgetäuschtem Interesse sehe ich zum Fernseher. Münder gehen auf und zu.

»Immer dasselbe! Als ob das alles nichts kosten würde! Du hast ja keine Ahnung!«

Stimmt, es gibt eine Menge, wovon ich keine Ahnung habe. Noch viel mehr gibt es, wovon ich bis eben nicht geahnt habe, dass es existiert. Wovon ich jetzt gerade keine Ahnung haben soll, ich will es gar nicht wissen. Sie wird es selbst nicht wissen. Was ihr in den Sinn kommt, ihre Überlegenheit rauszukehren, mich kleinzukriegen, lässt sie jetzt ab. Geld. Rücksicht. Leben. Ihre Vorwürfe schlagen mir um die Ohren. Ich habe richtig verstanden, Leben hat sie gesagt. Da sein, Fresse halten. Ihre Wutanfälle, ihre Lust auf Nichtigkeiten über mich ergehen lassen um des lieben Friedens willen. Bis zum Ende.

Ich lege den Kopf in den Nacken. Zwischen Stuckgirlanden lachen in regelmäßigem Abstand dicke Putten. Die grinsen unverschämt.

Ich habe meine Mundwinkel nicht unter Kontrolle. Susannes Lächeln. Ihr Haar, wie es zwischen meinen Fingern durchfließt. Ihre Haut, sanft und glatt, sogar an den Knien. Ihre Fußsohlen, wie poliert. Ihre Kochkunst. Indisch heute, wunderbar. Zum Nachtisch Pfirsichkompott. Die Vanillesoße hat sie gleich nach dem Frühstück gekocht. Sie lässt es sich niemals nehmen, Vanillesoße selbst zu kochen. Mit Sahne und Vanillestangen und immerzu umrühren, damit nichts anbrennt.

Gegen meinen guten Willen schrillt die Stimme.

Leben, hat sie gesagt.

Mein Leben fliegt vorbei, rast durch mich hindurch mit der unmessbaren Geschwindigkeit eines Traums. Ich löse meinen Blick von der Zimmerdecke. Der Fleck auf dem Boden ist wirklich kaum zu erkennen. Dem Gesicht auf meinen Knien sehe ich in die Augen. Sie blicken ruhig. Sehen mich nachsichtig an.

Eine rächende Göttin steht vor mir aufgepflanzt. Starrt auf mich runter. Susanne, die schöne Beamtin auf Lebenszeit, die ihre Sicherheit teilt mit mir und unserem Kleinen. Der Kleine wird sich jetzt die Ohren mit seinem Teddy und seinem Löwen zuhalten. Als Susanne und ich einander kennenlernten, war er bereits alt genug, nicht mehr zu schreien. Dafür schreit seine Mama um so lauter. Zittert vor Zorn, weil ich Flecken mache und keine Stellung beziehe. Kannst du nicht hast du nicht warum bist du nicht du sollst endlich. Ich hör mir das an. Mir fällt ein, dass ich sie mal gefragt habe, ob sie in der Schule auch so schreit. Da hat sie angefangen zu heulen. Und ich habe gleich ein schlechtes Gewissen bekommen, weil ich weiß, wie einen der Lehrerberuf mitnimmt. Habe es ja selbst erfahren. Deswegen bin ich weg von der Schule, kein Lehrer geblieben. Abschalten fällt ihr schwer. Ich lebe rentnerruhig im Vergleich zu ihr, schließe nach Feierabend die Ladentür ab und damit hat es sich. In den Arm genommen habe ich sie, mich entschuldigt, sie getröstet.

Susanne starrt auf mich. Ich kann mir vorstellen, wen oder was sie da sieht. Wolf, den Jungen, der etwas angestellt hat und es wieder nicht zugibt. Ich sehe mich mit ihren Augen. Unschlüssig, verlegen, den Blick gesenkt, Lippen, die beben. Fehlt noch, dass der Junge Nägel kaut. Ich stehe auf, es fällt mir seltsam leicht. Das Buch lege ich hinter mir auf dem Sitz ab. Meine Waden berühren den Sessel. Im Rücken weiß ich Irma und den Blick des Doppelgesichts. Mein Leben ist an mir vorbeigeflogen. Man kann sein Leben nicht einfach wie einen bemalten Bogen Papier aus der Luft haschen und an sich reißen und vor sich legen und das richtige Bild darüber malen. Meine Schultern hängen, ich bringe es nicht fertig, mich zu straffen und aufrecht dazustehen. Was soll ich tun. Ich weiß es nicht. Ich stecke meine rechte Hand in die Hosentasche.

Mit Susanne leben, verdammt, ich habe es doch gewollt. Will es doch noch immer. Familie. Weil ich weniger verdiene als sie, komme ich nur für Strom, Gas, Betriebskosten auf. Und sie hat, fair wie sie ist, die Kaltmiete für die große Wohnung übernommen. Als Entschädigung für das gute Familienleben will ich bei ihr und dem Kleinen bleiben, es aushalten. Ihre Anfälle hinnehmen. Die kommen ja gar nicht so oft vor. Es hätte mich viel, viel schlimmer treffen können. Wenn sie zum Beispiel eine Schlampe wäre, die auf andere Männer scharf ist, eine, mit der man kaum reden kann, die nur an Klamotten denkt. Die sich die Ohren zuhält, wenn ich anfange, von meiner Arbeit zu erzählen. Die nicht kochen kann.

Bis in die Zungenspitze spüre ich meine Unterwürfigkeit.

Mein Kinn, mein Mund, meine Hände und Füße wollen nachgeben. Ich werde ganz weich, merke ich. Muss aufpassen, nicht zu heulen. Auf meiner Stirn die Haut verschiebt sich schon. Ich sehe mich die Arme ausstrecken. Susanne an mich ziehen, ihren Kopf streicheln, meine Nase in ihr Haar drücken. Sie wird mich erst abwehren, ich halte sie fest. Ich lasse sie nicht los. Nach einer Weile werden ihre Schultern nachgeben, sie legt die Arme um meinen Hals. Du Idiot, sagt sie. Schüttelt in gespielter Verzweiflung den Kopf, lächelt. Ich will den kleinen Schritt tun, hole schon Luft, doch der Impuls zieht sich in die Vorstellung zurück. So starke Arme und Hände habe ich nicht. Ein Verbrechen, das ich nicht begangen habe, muss ich nicht auf mich nehmen. Schlüssel vergessen, eine CD in die falsche Hülle getan, Seife im Waschbecken liegen lassen und so weiter, alle meine Untaten habe ich zugegeben und ihr gesagt, was sie hören will. Tut mir leid, Susanne. Tut mir leid, mehr brauchte ich auch jetzt nicht zu sagen.

Aber den verdammten Fleck, den habe ich, verdammt noch mal, nicht verursacht.

Ich ziehe die Hand aus der Hosentasche und balle die Fäuste. Als sich meine Fingernägel in die Handballen graben, dass es mir wehtut, presse ich hervor: »Susanne, ich war das nicht! Ich habe mich vorgesehen! Such dir einen anderen, der schuld ist!«

Die Schärfe meiner Stimme erschreckt mich. Das hat ein anderer gesagt, nicht ich. Mein Magen zuckt. Ich fange an zu schnaufen. Susanne soll sich keinen anderen suchen. Ich werde jetzt alles tun, was sie versöhnt. Es fällt mir nicht leicht, aber ich werde es tun. Um des lieben Friedens willen. Ich habe es nicht so gemeint. Warte einen Moment, gleich ist alles wieder gut. Ich werde einen Lappen aus der Küche holen. Ich werde vor ihr auf den Knien rutschen, den Fleck beseitigen und sie in ihren verdienten Sonntag zurückführen. Ich mache schon den Mund auf.

Susanne lässt mir keine Zeit. Ihre Brust hebt sich. Sie atmet ein. Sie spannt die Lippen und schreit: »Schuldig ist! Oder: Schuld hat!« Die Deutschlehrerin betont, worauf es ihr ankommt. »Drück dich wenigstens richtig aus! Merk dir das!«

Ich merke mir Susannes Gesicht. Mund, Nase, Kinn, Hals zu Wülsten verkniffen. Mündungsfeuer auf mich gerichtet. Der lächerliche Fleck, das hässliche Gesicht. Die Stimme. Ekelhaft. Schuldig sein oder Schuld haben, das ist hier nicht einmal die Frage. Wo alles geregelt ist, steht nichts mehr in Frage. Auf die Grammatik kommt es an, ob richtig oder nicht. Die korrekte Formulierung sichert die Weiterexistenz. Schuld sein ist angeblich unkorrekt. Es befindet sich zu nah bei lebendig sein. Schuld sein ist falsch. Es ist gefährlich. Ich soll nicht schuld sein. Schuld haben soll ich, schuldig sein soll ich. Aha. Wenn ich das kapiert habe und mich danach richte, bin ich richtig. Wer bei Susanne einmal eine Sechs bekommen hat, wird darauf sitzen bleiben.

Ich will die Schultern locker hängen lassen. Geht nicht. Ich kann mich nicht von der Stelle rühren. Mein

Brustkorb zittert wie ein Hund, der Angst hat. Mein Adamsapfel widersetzt sich beim Schlucken. Ich versuche, normal zu atmen. Das Zittern hört nicht auf. Auf meiner Stirn sammelt sich Schweiß. Kälte zieht meine Arme entlang den Rücken runter nach innen. Die Leute im Fernseher rucken mit Köpfen und Händen. Auf der Wand des Hauses gegenüber liegt Sonnenlicht. Unten lacht jemand. Lächerlich, wie ich noch immer verklemmt dastehe. Ich gebe mir einen Ruck. Steif wie einer, der aufgerufen wurde, bewege ich mich auf Susanne zu. Sie weicht einen Schritt zurück. Ich hebe meinen rechten Fuß und senke ihn auf den Fleck. »Leck mich am Arsch.«

»Verschwinde!«

Das x-te Mal schreit sie mich an, ich solle verschwinden. Hau ab, verschwinde, ist für den Augenblick nicht zu überbieten. Bisher habe ich jedes Mal unwillkürlich reagiert und bin weg. Ins Bad, in die Küche. Ein Bier aus dem Kühlschrank, die Flasche im Stehen auf einen Zug leer getrunken. Zu Hanno oder sonst wohin. Ein paar Stunden weg und wieder zurück. Wut auf Nebensächlichkeiten setzt in unserem Leben die Akzente. Die Kommas und Ausrufungszeichen. Susanne lässt ihre Wut ab, ich verschwinde, komme zurück und man verträgt sich wieder. Bis zum nächsten Mal. Bisher bin ich jedes Mal zurückgekommen.

Bisher.

Schräg vorgereckt starren wir uns an. Wir werden uns so lange anstarren, bis einer den Kopf wegdreht, die Hand hebt und abwinkt, verächtlich. Feiner Ledergeruch strömt unmäßig von ihr aus. Etwas Beißendes, Süßes will mich schwächen. Lauernd beschleicht mich das Narkotikum. Um mich herum ein Bukett aus Sojasoße, Zitronensaft, Wärme, Weihnachten, leisem Lachen. Die Gerüche schlagen sich um meinen Kopf, wollen mich überwältigen. Das schaffen sie nicht. Aber das Muffige, das schafft es. Das hat sich in mir abgesetzt, verstopft mich, als wäre ich der Filter der Dunstabzugshaube.

Ich bin zu. Ich bin satt. Von der überdrehten Stimme. Dem Gesicht, das bei nichtigsten Anlässen aus der Form gerät. Im Voraus satt von allem, was sie mir jeden Sonntag auftischt. Verschwinde!, steht wie ein rettendes Wesen hinter mir. Es schiebt mich an, gibt mir Kraft. Gehorchen ist die Lösung. Ihr gehorchen wie bisher. Verschwinden. Das Verschwinden mitnehmen.

Langsam schiebe ich meinen Oberkörper noch ein bisschen weiter vor. Fast so, als wolle ich mich vor ihr verbeugen. Meinen Nacken drückt ihr Hass. Zwischen meinen Zähnen steckt ihre Wut. Meine Schultern erlauben nur eine Bewegung. Den rechten Arm mit der Faust am Ende heben. Die schleudere ich in das hässliche Gesicht, genau auf die Nase. Das Gesicht reißt den Mund auf. Der Körper wankt. Sie erscheint mir erstaunlich standfest. Mit der anderen Faust treffe ich dieselbe Stelle. Sie hält sich die Hände vor die blutende Nase. Verblüffung weitet die Augen. Es hat ihr die Sprache verschlagen, das erste

Mal. Sie ist nicht mal in der Lage, Hilfe! Hilfe! zu
schreien. Noch eine feste Faust auf die Hände, die
sie vor dem Gesicht verkrampft. Und noch eine. Der
Körper sinkt rücklings auf den gelben Teppich, dessen Flor Geräusche dämpft. Der Kopf haarscharf
an der Tischkante vorbei. Da liegt sie, den Rücken
gebogen, die langen Beine angezogen, die Arme gekrümmt, Hände vor dem Gesicht. Ihr Haar hat sich
neben dem Kopf ausgebreitet wie ein abgerissener
Vorhang.

Von der Küche her summt es.

Ich nehme mich zusammen. Ich trete nicht nach
Susanne. Mir ist, als zöge sich meine Raserei entschieden in mich zurück. Ich stelle den rechten Fuß
fest dorthin, wo sich der verdammte Rotweinfleck
befinden soll. Drehe darauf den Ballen ein paar Mal
hin und her. Die Fußbewegung kommt mir wie eine
Abrundung vor.

Ich schreite geradewegs zur Kammer am Ende
der Diele und schlüpfe in die bereitstehenden Schuhe. Reiße die Tür auf, wuchte den größten Koffer
vom Regal, werfe die Kammertür zu, schmeiße den
Koffer aufs Bett, keuche zwischen Badezimmer und
Schlafzimmer hin und her, immer an Susanne vorbei.
Verkrümmt liegt sie auf dem gelben Teppich, stöhnt.
Sei versichert, sie stöhnt nicht deinetwegen. Ein
schlechtes Gewissen will sie dir machen. Wegen des
Bettüberwurfs. Der staubige Koffer könnte den teuren Stoff beschmutzen. Ich zerre Sachen aus Schrän-
ken und Schubladen, werfe Rasierzeug, Handtücher,

Mantel, Socken, Oberhemden, Hosen, Unterhosen, Trainingsanzug, Turnschuhe in den Koffer.

Peter im Rahmen der Kinderzimmertür beobachtet mich aus großen Augen. Er sagt nichts, fragt nichts, der Mund steht ihm offen. Wie immer, wenn etwas passiert, was er nicht begreift und wovon er nicht wegsehen kann. Er begreift es nicht und trotzdem blickt er auf seine Weise durch, der Kleine. Er wird es schon lange geahnt haben, länger als ich. Kinder sind klug. Peter ist vorbereitet auf meinen Abgang oder sonst eine Katastrophe. So wie ich vorbereitet war, damals. Deswegen ist er nicht zu seiner Mutter gelaufen. Wirst daran nicht zugrunde gehen, Kleiner. Du wirst drüber wegkommen.

Ich stopfe alles zusammen. Ich schließe den Koffer und gehe an unserem Kleinen vorbei. Die Wohnungstür ziehe ich leise hinter mir zu. Den Fahrstuhl benutze ich nicht. Ich gehe die drei Treppen hinunter.

Als ich vor der Haustür stehe, höre ich es oben schreien.

Gestern nach dem Fitness und einigen Bieren habe ich, was selten vorkommt, schräg gegenüber einen Parkplatz gefunden. Mitten auf der Straße fallen mir die Schlüssel ein. Ich stelle den Koffer hinter dem Auto ab und fasse in die Taschen meiner Lederjacke. In der rechten Tasche sind sie. Das Schicksal ist auf meiner Seite. Oder auch nicht. Egal. Normalerweise jedenfalls hänge ich mein Schlüsselbund, wenn ich nach Hause komme, an den Schlüsselhaken in der Diele. Man hat ja nicht immer dieselbe Jacke an. Hätte ich die Schlüssel gestern Abend dort angehängt, müsste ich jetzt zurück und bei Susanne klingeln.

Ich öffne den Kofferraum, hebe die Klappe hoch, hieve den Koffer hinein, werfe die Klappe zu. Das dumpfe Geräusch weitet die Ohren der Straße. Eilig schließe ich die Fahrertür auf, lasse das Schlüsselbund in die Jackentasche und mich auf den Sitz fallen. Ich ziehe die Tür zu. Ich lehne den Kopf gegen die Nackenstütze und starre vor mich hin. In den Schläfen pocht es. Gegen die Schultern, den Hals fühl ich mein Herz schlagen. Es hämmert sogar in den Augen. Entkommen oder gerettet, wird sich zeigen. Wenn man dabei ist, etwas hinter sich zu lassen, eine Zustandsform, einen Menschen, was auch immer, fühlt man sich ausgeliefert. Eine winzige Drehung über die Teppichkante hinaus. Das Buch nicht beachtet, das verdammte Buch gar nicht existent, an der Buchabteilung nicht vorbeigegangen, das Kaufhaus gestern nicht betreten und alles wäre wie immer. Susanne liest ihre Zeitung, ich meine Computerzeitschrift. Sie lässt ihren Dampf ab. Ich gebe die Tat zu. Ich entschuldige mich. Ihr Blutdruck normalisiert sich. Man verträgt sich. Beim Mittagessen stößt man mit grünem Veltliner an. Zum Nachtisch schlabbert man Vanillesoße. Der Kleine drängelt. Das bisschen Existenz. Es hat sich gerettet und sich in eine Kapsel gesperrt.

Gerettet, denke ich, aber mir fällt nicht ein, wovor gerettet. Ein gelbes Auto fährt auf der anderen Straßenseite vorbei. Das Gelb bleibt, ein stumpfes Meer mit Flecken wie Inseln, dazwischen einer, der sich über Wasser hält und dabei um sich schlägt. Die Flecken wegwischen, in den Schlieren weitermachen. Kein Mensch auf der Straße. Vorhin haben welche sehr laut gelacht. Statt zu starten und loszufahren, kurbele ich das Seitenfenster herunter. Ich warte. Vorsichtig, beinah ängstlich, als wäre Hinsehen nicht erlaubt, sehe ich am Haus entlang.

Hellgrau, gepflegter Zustand. Hohe breite Fenster. Weiße Zierreliefs. Beletage mit Loggia und üppiger Fensterumrandung. Auf den Fenstern des obersten Stockwerks spiegelt sich der Himmel. Wie Folie klebt Himmelsblau auf den Scheiben. Jugendstil. Gründerjahre. Eines von beiden. Käfige mit rund nach außen gebogenen Gittern. Auf Wunsch der Hausverwaltung wurde die Verkleidung der Balkons von den Mietern einheitlich hellbeige gewählt, passend zur Farbe der Fassade. Die Haustür kann man Portal nennen.

Drei Treppen links. Von hier unten gesehen rechts. Fenster, Balkontür, Balkon. Vater Mutter Kind. Beinahe drei Jahre. Mein Beitrag: Irmas Sessel. Mein Schreibtisch und, da war noch was, die Waschmaschine. Meine war jünger, das gab den Ausschlag. Der Streit um die Schrankwand. Ich habe mir was Einfaches vorgestellt, sie wollte etwas Vernünftiges. Ihre Stimme geht durch jede Wand. Ordentliches Haus, ruhige Mieter. Null unter Mitnullen. Nullen sagen nett Guten Tag. In einem Haus in einer Parallelstraße, tadellos wie dieses, hat die SS einen Puff als Abhörzentrale betrieben. Susanne wird in der Küche ins Leere blicken. Sie haben sich wieder gezankt, wird der Kleine seinem Plüschlöwen anvertrauen. Später erklär ich's dir, wird sie schluchzen.

Am Fließband in einer Schuhfabrik habe ich acht Wochen Akkord gearbeitet. Schuhteile ineinander stecken. Auf dem Fließband liegen Hülsen. Die soll ich mit Inhalt füllen. Es läuft, wenn es hält. Es hält, wenn es läuft. Ich am Rand sehe meinen Händen zu, wie sie kleine Stücke Schicksal in die Hülsen tun. Mann Frau Arbeit Liebe Tod. Etwas fehlt.

Die Balkontür ist geöffnet. Blumen in Susannes Balkonkästen. Abwechselnd gelb rot blau. Die blauen heißen Männertreu.

Ein Koffer mit dem Nötigsten, Auto, Arbeit. Darüber hinaus ich, Wolf Framann, ein Nichts, in dem es klopft. Ein fleckiges Nichts, immerhin. Ich greife in die rechte Jackentasche, taste nach dem Zündschlüssel, ziehe an ihm das Schlüsselbund heraus, will ihn ins Zündschloss stecken. Ich sehe auf die Schlüssel in meiner Hand. Passepartoutschlüssel für Haus- und Wohnungstür, Zündschlüssel, Ladenschlüssel am Schlüsselanhänger aus Plexiglas, Geburtstagsgeschenk von Susanne. Zu meinem Dreißigsten. Ein kleiner Krebs ist ins Oval eingeschmolzen, die Scheren schützen den Kopf, die Beinchen mit ihren vielen Gliedern liegen ordentlich neben den Scheren. Meine Finger schließen sich zur Faust. Schlüssel und

Anhänger rücken zusammen. Ich stecke den Zündschlüssel ins Zündschloss, bewege ihn. Der Anlasser gehorcht. Das gelbe Auto, das eben vorbeifuhr, wendet vor der Kreuzung, fährt mir entgegen, vorbei.

Ich schere aus der Parklücke, wende scharf und knapp, höre irgendwo ein Martinshorn heulen, kurbele das Fenster nach oben, fahre ein Stück geradeaus, biege rechts ab. Auf der Straße, auf der ich fahre, kommen mir ein Polizeiwagen und ein Krankenwagen entgegen und biegen in meine Straße ein. Ich lasse den Bahnhof links liegen, rolle auf der Überholspur durch den Tunnel in die breite, schattige Allee, folge ihr zur Kreuzung, wo ich auf Grün warten muss, ehe ich die kurze Strecke zur Uferstraße hinter mich bringe. Bevor ich links abbiege, muss ich bei Rot bremsen. Ich rase die Uferstraße runter. Ein Motorradfahrer, der mich gefährlich bodennah schwenkend rechts überholt, kommentiert meinen Fahrstil mit seinem Stinkefinger. Ich wische mir mit dem Handrücken übers zuckende Augenlid, sehe auf Plakaten am Straßenrand Großporträts zu hohlen Wahlsprüchen mit ihrem Lächeln von der Stange den Mund verziehen, ohne Zweifel, Zorn, Trauer, Leidenschaft, selbstgerecht stinken diese digitalen Mutationen sogar durchs geschlossene Fenster. An der Kreuzung Nationalgalerie biege ich links ab, reihe mich widerwillig Tempo drosselnd ein, sehe den Krebs an der Kette schaukeln, gebe Gas, überhole, stoppe vor zwei Ampeln fluche, knirsche mit den Zähnen, bis ich es am Schmerz merke, brettere wie ein Besoffener durch den Spielplatz der Architekten, einst historische Wildnis zwischen Ost und West, in den anderen Teil der Stadt, Hannos, dort an übertünchten Wohnklötzen, einer endlosen Kette von Visagen und Parolen vorbei, blinke, drängle zur rechten Spur, bringe den öden Zentralplatz, die von Straßenbahnschienen geteilte Chaussee, die letzte Strecke durch baumlose Straßen hinter mich, lande vor Hannos Haus, ziehe den Zündschlüssel ab, fühle in der Hand das Gewicht des Schlüsselbundes, lasse es in die rechte Jackentasche fallen, werfe die Autotür zu, stürme durch die geöffnete Haustür durch den Hausflur, reiße die Tür zum Hof auf, hetze über den Hof, die Treppen im Quergebäude.

Auf dem Treppenabsatz zwischen der zweiten und dritten Etage höre ich Gitarrenklänge. Sie kommen, woher schon, aus Hannos Wohnung. Wenn Hanno fantasiert, klimpern sagt er dazu, treiben ihm südliche Akkorde in die Finger. Auf der dritten Etage bleibe ich stehen.

Durch die Melodie geht Wind. Leichte Kühle fächelt den warmen Klang. So hört es sich an. Poetische Anwandlungen sind das Letzte, was ich brauche, aber ich kann es nicht ändern, ich schaukele und lausche und schnüffele und lasse mir alles Mögliche durch den Kopf gehen. Licht und Schatten. Licht verwandelt alles, was erscheint, mit Schatten. Dünner Stoff schmiegt sich dem Körper an, hält den Blick auf Abstand. Hannos Spiel wie Licht und Seide. Duft darin, schwüler herber Duft. Hanno ist überall zu Hause, ich nirgends. Zwischen nirgends und überall, da gehören wir hin.

Bratengeruch streicht um mich. Die Haut auf meiner Stirn verrutscht, mein Mund zuckt, mein Gesicht zerknautscht. Fehlt noch, dass ich mir die Haare raufe und meine Fäuste in die Wand ramme. Rinderbraten. Säuerliches mischt mit. Irmas Rouladen. Ich könnte heulen und mich verkriechen und schüttele den Kopf und knirsche mit den Zähnen. Hanno ist zu Hause. Zu Hause soll viel bedeuten. Zuhause, nicht viel mehr als ein bestimmter Geruch. Zuhause, ein Lied. Eine Melodie, auf diese bestimmte Art gespielt von einem bestimmten Menschen.

Mit leeren Händen steh ich im dritten Stockwerk. Drei Türen im Rücken, um mich herum Hannos Gitarrenspiel und Geruch nach Rinderroulade, beides nah und fern, jedes auf seine Weise. Ich starre auf das Milchglasfenster am Treppenpodest eine halbe Treppe tiefer, als läge dort der Schlüssel zur Erleuchtung. Von rechts oben nach links unten verläuft ein Sprung. Ich steige die letzte halbe Treppe. Das Sprühen und Brausen in Hannos Spiel kommt mir immer näher. Einzelne Töne, auch Folgen von Tönen lösen sich aus der Grundmelodie, machen sich selbstständig. Er fängt die Töne wieder ein. Ich sehe es vor mir, wie Hanno einen Moment den Kopf hebt und suchend um sich blickt ins Nichts und aus dem Nichts die entwischten Töne zurückholt, bis er sie wieder freilässt. Langsam nehme ich Stufe um Stufe. Wie oft habe ich Hanno gebeten zu spielen, nicht aufzuhören für mich. Jedes Mal ist es mir, als hörte ich ihn zum letzten Mal. Ich sehe seine Finger mit den Tönen tanzen. Die eigentümliche Bewegung seiner Schulter, mit der er sich in sein Spiel schmiegt. Ich wünsche mir, ich wäre es, den er spielt.

Ein Blick auf die Armbanduhr. Eine halbe oder dreiviertel Stunde ist es her. Schuld sein oder haben, darauf kommt es nicht mehr an. Auch nicht darauf, woran ich Schuld haben soll, wofür ich schuldig sein soll. Ich könnte pfeifen, fluchen, auf das Holz der Stufen anstampfen gegen die Ahnungslosigkeit um mich herum.

Ich stehe vor Hannos Tür, kipple mit den Füßen hin und her und überlege, ob ich ein zweites Paar Schuhe eingepackt habe. Tatsächlich, das frage ich mich, ob ich meine Turnschuhe mitgenommen habe. Ein Penner bin ich nicht, Geld will ich nicht, zu essen auch nicht, obwohl mein Magen knurrt. Ich habe mich verloren. Ich bin eine Fundsache. Ich will mich bei dir abgeben. Ich weiß nicht, was ich Hanno sagen soll und wie ich es sagen soll. Mein Mitbringsel, keine Flasche Rotwein, keine lila Allium-Kugel, die Hanno so mag. Das Chaos hinter mir und die Leere vor mir. Ich bring dir meine Möglichkeiten mit, sieh her, sie liegen in meinen Händen. Du kannst nichts erkennen? Ich auch nicht. Aber meine Hände schütteln kannst du. Mir gratulieren. Mich bewundern. Eine Flasche zu diesem Anlass entkorken, mit mir anstoßen auf meinen Mut, meine Entschlossenheit. Auf die Leere vor und hinter und in allem, was möglich ist.

Niemand hat mich gesehen, niemand mich gehört.

In einer Küche hinter einer Tür brät jemand Rinderrouladen mit Speck und sauren Gurken. Bratengeruch und der Klang von Hannos Gitarre dringen durch Wände und Türen. So spielt nur Hanno. Von mir gibt es keine Spur. Keine Duftmarke. Wer an mich denkt, dem fällt nichts sein. Mich kann man nicht erkennen, wenn man mich nicht sieht. Mich muss man vor Augen haben. Sogar dann kommt es vor, dass man mich verwechselt. Das ist der Unterschied zwischen denen, die man nicht vergisst, und den anderen.

Die Gitarre schweigt. Ich falle körperlos durch den Raum. Leise Akkorde holen mich wieder auf den Boden zurück. Wie ein Idiot, ein unschlüssig schwankendes hirnloses Etwas stehe ich vor Hannos Tür. Noch könnte ich die Treppen runter und immer weiter, bis ich nichts mehr höre. Den Klang dalassen, Rouladenduft mitnehmen. Übern Hof zum Auto, dieselbe Strecke zurück, Taste »rückgängig« drücken, alles löschen, Neustart. Den verknipsten Film rausziehen, unentwickelt wegwerfen, einen frischen Film einlegen, der nur im Hellen funktioniert, und Zuhause ergibt gleich wieder einen Sinn. Bittend schauen, mich entschuldigen, mir sei eine Laus über die Leber gelaufen, die Mundwinkel übersehen, Peter in den Arm nehmen. Ich sehe den Kleinen, wie er sich freut, wie er herumspringt, ich hör ihn juchzen. Das wird sie wieder versöhnen. Milchkaffee trinken, alles in Ruhe klären. Was heißt ALLES?

Ich drehe mich von Hannos Tür weg, zur Treppe.

Wenn es um alles geht, geht es um ein bisschen zu viel. Das Bisschen, der berühmte Tropfen, darin spiegelt sich alles. Was habe ich getan? Ich habe gehandelt. Was soll ich da erklären, wofür mich entschuldigen? Die Fragen reißen mich herum. Fest drücke ich meinen Daumen gegen den Klingelknopf. Es schnarrt furchtbar laut, erschrocken lasse ich los.

Die Tür geht auf. Hanno, noch in sein Spiel eingesponnen, steht vor mir. Ein Gitarrensolo in Menschengestalt. Wie immer in Jeans, die ihm zu weit sind, lose fällt das gelbe T-Shirt über die breiten knochigen Schultern, den mageren Oberkörper. Hanno. Er sieht auf einmal erschrocken aus, beinah entsetzt.

»Störe ich?«

Er antwortet nicht. Er schaut an mir entlang, an mir vorbei. Sein Blick hält auf meiner rechten Hand an. Langsam bewegt er den Kopf ein paar Mal vor und zurück wie einer, der dabei ist zu begreifen, dann nickt er, als hätte er schon auf mich gewartet und wolle trotzdem nicht glauben, dass ich es bin. Er hat die Klinke in der Hand behalten.

»Ich bin's«, flüstere ich töricht.

Keine Reaktion, nur die Augen. Wie gerade eben aufgewacht. Aufgeschreckt von meinem unmelodischen Klingeln.

Ich schlucke runter, warum ich hier bin, habe es schon vergessen. Ich strecke die Arme aus, will ihn nur an mich ziehen, meine Hände in seinem wilden

Haar vergraben, meinen Mund auf seine Lippen legen. Ich will seine warme Zunge finden, sie belecken. Meine Hände wollen seinen Rücken entlanggleiten, jede Hand will eine Hälfte seines Apfelarsches packen, ihn an mich drücken, bis kein Stäubchen mehr zwischen uns Platz hat. Ich will ihn rückwärts durch den Flur ins Zimmer drängen, uns auf die Matratze fallen lassen. Ich will mich auf ihn legen.

Er lässt die Klinke los. »Was ist los?« Seine Stimme klingt abweisend.

Ich versuche, ihn anzulächeln. Ich halte den freudlosen Blick nicht aus. Junge, höre ich Irma, was hast du wieder angestellt?

Ohne Hanno zu berühren, schiebe ich mich an ihm vorbei durch den Flur in sein Zimmer. Auf der roten Decke auf Hannos Bett liegt die Gitarre. Das Licht, das durch die weit geöffneten Fenster fällt, blendet. Ich schließe die Augen. Mir ist, als hörte ich Hanno spielen. Seine linke Schulter biegt sich vor. Seine Lippen öffnen sich. Lippen wie eine Blume, eine Kinderblume. Ich öffne die Augen. Eine Fliege summt. Die Fliege bin ich. Statt zu entwischen und mich im Nichts, das mir zusteht, aufzulösen, schwirrt mein Blick durchs Zimmer. Ich irre hin und her zwischen vertrockneten Rosen, vergilbten Alliumkugeln und frischen Sonntagsblumen vom Markt. Ich sehe die Rückseite des Gartenzwergs, dem vorn der Schniedelwutz alles andere als zwergenhaft aus der Latzhose quillt, ich sehe die Wand mit verbogenen Bücherbrettern und windschiefen Bücherreihen, im gleichen Augenblick erscheint vor mir die Schrankwand mit thematisch und alphabetisch sortiertem, fehlt noch nach Höhe geordnetem Lesestoff. Holzbohlen voller Papiere, Hefter, Skizzen. Der tadellose gelbe Teppichboden. Die Matratze mit der roten Wolldecke, darauf die Gitarre. Die Zweimetertür in der Schrankwand, aus der, hydraulisch gesteuert, das Gästebett rollt. Der überbordende Arbeitstisch. Zwei Schreibtische mit Computer und Zubehör und ordentlich gestapeltem Papier und so weiter. Skizzen, Blätter, an die Wand gepinnt der Spruch »Sei höflich zum Tod«. »Vergiss auch das andere nicht«, geklemmt zwischen Hieronymus Bosch und Die Bibel. Die beiden Sprüche springen mir auch jetzt wieder ins Auge. Ich fühle mich belästigt. Ich stiere in den Wust großer und kleiner Flecke, Andenken an Wein, Liebe, Farben. Zeitflecke. Spuren, die uns verraten. Irgendwo dazwischen findet sich der Fleck, der mich verrät.

»Was hast du angestellt, Wolf?«

Hanno steht vor mir mit seinen Vogelaugen und den Spottfältchen um die Augenwinkel. Kurze Frage. Besorgnis und Verwundern passen hinein, auch die Antwort. Ich wünsche mir, in ihn überzugehen wie damals im Grunewald, als er zu mir sagte: Du, ich weiß das doch schon lange. Es hat sanft geklungen, weder gut noch böse. Und ist wie eine Warnung bei mir angekommen. Schon lange hat Hanno gewusst, dass das mit Susanne nichts werden würde. Er hat sich sein Kindergespür nicht wegschlagen lassen, von seinem Vater nicht und erst recht nicht von anderen Autoritäten in dem Teil unseres Landes, in dem er aufgewachsen ist. Vor Hannos unbestechlichen Augen steh ich nun, ein Ertappter, dem Lügen nichts nützt. Was hinter seinen Augen vorgeht, kann ich nicht ergründen. Bei Hanno steht nichts endgültig fest. Wenn ich von ihm weggehe, bin ich ein anderer als der, der zu ihm kam. Ich halte bei Rot und finde auf einmal die Menschen auf dem Zebrastreifen komisch in ihrem Ernst, aber ich lache sie nicht aus, bin ja selbst so ein Ernster. Ich spüre die Geduld der Bäume. In der Kneipe sehe ich jemandem voll ins Gesicht und lächle ihn an ohne Angst. Ich höre ein zärtliches Lachen im Lärm. Ich bin ein bisschen bunter. Nach ein paar Stunden Trott sehne ich mich nach Hanno. Wozu ihm also antworten: Weil ich Schluss gemacht habe – wenn er es schon weiß. So eine Antwort interessiert ihn nicht. Ich möchte ihn umarmen, mein Gesicht an seiner Schulter verbergen. Es fängt gerade etwas anderes an, könnte ich sagen. Ach Junge, beruhigt mich Irma, es wird alles nicht so heiß gegessen wie gekocht. Meine Arme hängen lahm herab.

»Was fällig war, hab ich getan«, bringe ich trotzig heraus.

Hanno wendet sich zum Regal. Er sagt etwas, das ich nicht verstehe, es hört sich genervt an.

Auf einem Stapel Kunstkataloge steht die Cognacflasche mit zwei Wassergläsern. Hanno nimmt die Flasche und ein Glas und stellt das Glas auf den Arbeitstisch. »Was willst du eigentlich«, verstehe ich ihn nun wieder deutlicher, als er die Flasche aufschraubt. Er kehrt mir den Rücken zu, ich kann sein Gesicht nicht sehen. »Oder richtiger …«, Hanno gießt ein, wendet sich um, reicht mir das viertel gefüllte Glas hin und lächelt mich böse an wie Irma, als ich meine erste Zigarette probiert hatte und furchtbar husten musste, »… was hast du gewollt?«

Ohne nachzudenken antworte ich. »Ruhe«, sage ich.

Ich ergreife das Glas, halte es ihm entgegen und habe den Cognac gekippt, noch ehe sich Hanno ans Fensterbrett gelehnt und die Arme vor der Brust verschränkt hat. Ein albernes Lachen erfasst mich und bleibt in der Kehle stecken. Hustend lasse ich mich in Hannos Sessel fallen.

»Ja, Ruhe habe ich gewollt, ob du's glaubst oder nicht.«

Eben noch lachen und husten, nun könnte ich losheulen. Ich stütze meine Ellbogen auf die Knie, halte meinen Kopf mit den Händen fest und verberge mein Gesicht.

Ich hätte doch lieber da bleiben sollen, wo ich sicher war, ich hätte es nicht tun müssen, niemand hat mich gezwungen. Es hat mich beschämt und erregt zu tun, was verboten ist und dazu noch erbärmlich. Scham wegen der Erbärmlichkeit hat meine Lust noch aufgestachelt, war ich es doch, der sich erbarmt hat. Ja, ich besaß die Macht, mich zu erbarmen. Was ich mit mir tun ließ, war bereits vergessen, richtiger, abgetan war es, als mich der Freier aussteigen ließ, das dreckige Getue perlte von mir ab wie Flüssigkeit von einem imprägnierten Stoff. Keine Ahnung, wie ich das hinbekommen habe, mich dicht zu machen gegen diese eilige, schlabbernde, hechelnde Lüsternheit. Teil von etwas Verbotenem zu sein, das Wissen habe ich gehütet. Geheimnisse hatten andere auch. Ich aber, wenn ich im verdämmernden Abend, die Laternen brannten schon, nach Hause lief, ich fühlte mich wie einer, der eben jemanden vor dem Ertrinken gerettet und den geretteten Körper am Ufer abgelegt hat, einer, der über allem profanen Scheiß in großer Höhe schwebt. Niemand reicht an mich heran. Mögen die da unten alles Mögliche ahnen und sich vorstellen – mir kann niemand etwas Ungutes nachweisen, niemand weiß davon, niemand hat mich gesehen. Ich gehe nach Hause, als käme ich vom Tischtennistraining, schließe ab und habe meine Ruhe. Was mich unsicher und böse macht, mich einschüchtert, was ich nicht begreife, wovor ich Angst habe, was ich kaputtschlagen will, bleibt draußen. Nicht einmal Irma, der ich sonst nichts vormachen kann, nicht einmal sie sieht es mir an.

»Ist doch nicht viel, was ich zu meinem Glück brauche, oder?«

Vom Fenster her spüre ich Hannos Ablehnung, da muss ich nicht hinsehen. Vielleicht habe ich auch den eigenen Kopf geschüttelt über den Allgemeinplatz, den ich eben von mir gegeben habe. Was ich zu vermelden habe, ist auch nicht origineller als die dümmlichen Wahlsprüche der Volksvertreter. Leute wie ich sind dafür genau die richtige Zielgruppe. Nichts Eigentümliches, mein Glück betreffend, mein Leben, fällt mir ein. Nichts Originelleres als meine Ruhe kann ich Hanno bieten. Was ich gewollt habe, Herrgottnochmal, wie soll ich hier auf die Schnelle auf etwas Besseres als das Übliche kommen? Dass ich Ruhe gewollt habe, ist nicht einmal gelogen. Es entspricht jedenfalls meiner Wahrheit. Auf Gutachterfragen war ich nicht gefasst und auch nicht darauf, dass Hanno mich nicht in den Arm nimmt. Warum ist er mit meiner Antwort nicht zufrieden? So wie ich jetzt müssen sich Politiker vorkommen, die sich heiser gequatscht haben und ohne Beifall dastehen.

Mir fällt etwas ein.

»Ruhe«, sage ich, »ist nicht gleich Ruhe.« Ich bin verdammt noch mal schon lange nicht mehr der Junge, der sich von geilen alten Männern am Waldrand im Auto ein paar Minuten lang begrapschen und sich ein Scheinchen in die Hand drücken lässt. Ich renne nicht nach Hause zurück. Ich presse mir das kühle Glas gegen die Lippen. »Die eine Ruhe meint man zu wollen, die andere will man wirklich.«

Ich halte mir den Rand des Glases wie ein Mikrofon an den Mund. Ich spüre den Drang aufzublicken, Hanno ins Gesicht, in seine seltsam alten Augen. Könnte ich ihm doch ohne Worte sagen, dass ich ihn zu meinem Glück brauche. Zusammen mit Hanno Ruhe erreichen, das wäre es, das ist es. Die andere Ruhe, die wirkliche. Ruhe in der Unruhe. Gibt es nicht in der Uhr so ein Teilchen, das Unruh heißt und für ihr Gehen verantwortlich ist? Unruhe als Bewegerin der Ruhe, und umgekehrt. Ich behalte den Gedanken bei mir. Mein Blick, der fest in Hannos Augen ankommen sollte, schafft es nur bis zu seinen Beinen. Eines hat er lässig vors andere gelegt. Die nackten Füße mit den schmalen Zehen bilden ein anmutiges V. Ich stelle das Glas auf dem Boden ab.

»Schön hell hast du's.«

Hanno schweigt. Ich weiß, er wartet.

Ich soll es nur ein einziges Mal sagen. Aussprechen, was er schon weiß. Schluss, aus, Ende. Es kommt mir banal vor. Hört sich wie Abfall an. Dabei liege ich mit Abfall nicht einmal daneben, wenn man es wörtlich nimmt. Ich bin abgefallen. Abgestoßen bin ich. Ich habe mich abgestoßen. Trotzdem, wenn ich es schon erklären muss, warum ich jetzt hier bei dir und nicht wie sonst sonntags zu Hause bei meiner Familie bin, soll es sich nicht so anhören, als zöge ich mein Leben in den Dreck.

»Mir reicht's«, sage ich und sehe, wie Hanno am Fenster den Kopf zur Seite neigt, skeptisch.

Ich springe auf. Ich stelle mich vor seinen Arbeitstisch, vor die Wand mit den angepinnten Zeichnungen und Reproduktionen. Seltsame Gesichter, Gestalten, halb Tier, halb Mensch, aus Schatten geformt, in Licht getaucht. Als ich die Bilder zum ersten Mal sah, habe ich über sie gelacht. Ich fand sie, ehrlich gesagt, nur ekelhaft und verstand nicht gleich, warum sich Hanno mit so etwas Hässlichem abgibt. Sieh genau hin, Wolf! Er findet seine Modelle auf der Straße, auf Bahnhöfen. Sie kommen zu ihm. Manchmal lässt er so einen bei sich übernachten. Den schönen Vorhang aufreißen, Licht reinlassen, durch die Fassade stoßen, da ist Hanno in guter alter Gesellschaft. Er hat mir von Leonardo und Michelangelo erzählt, und wie hieß der noch, mit den hässlichen Engeln, Giotto, er hat mir Bilder in Kunstbüchern gezeigt und gar nicht aufgehört von Caravaggio, dem Totschläger, der Altarbilder malte. Normalerweise tut Hanno so was nicht, Bildung raushängen lassen hat er nicht nötig. Die Bücher lagen danach noch wochenlang aufgeschlagen auf dem Fußboden. Er wird sie mit Absicht liegen gelassen haben, und das war gut für mich. Metamorphosen an Hannos Wand. Mutationen. Nicht im Bilde sein. Kaum eineinhalb Stunden sind vergangen. Der gelbe Teppich war nicht meine Wahl gewesen. Mir reicht's!, hallt es in mir, ein Echo, das sich aus sich selbst heraus ruft. Ich setze mich wieder hin und höre mich weiter reden, immer lauter werdend, als wollte ich das Echo übertönen. »Gehorsam und treu. Brav und nett. Pünktlich, zuverlässig. Schwanz einziehen. Den Haushund geben. Sich wegen jedem Scheiß entschuldigen. Hände waschen. Mund abwischen. Duschen, duschen. Ich kann nicht mehr, ich will nicht mehr. Ich bin … Herrgott noch mal, ich bin doch anders«, rufe ich, Angeklagter, nur noch eine Minute Redezeit. Zwischendurch hole ich Luft. »Ich hätte nicht heiraten sollen. Nicht sie. Aber auch keine andere. Ich habe mich falsch eingeschätzt. Vorsicht, Fettnäpfchen, Rücksicht, Komplexe, nicht die Stimmung verderben ...« Ich fange an zu schwitzen. Ich hebe die Faust, zu der sich meine rechte Hand geballt hat, und stoße sie in die Luft. Aus der Heftigkeit meiner Bewegung formt sich Susanne, ihr Körper, verkrümmt auf dem Teppichboden. Ich bücke mich, ergreife das Glas, will es zerquetschen. Hanno nimmt es mir aus der Hand.

Er bleibt neben dem Sessel stehen.

Er schaut auf meinen Kopf herunter, ich spüre es. Ich habe das Gefühl, meine Haare stellen sich auf. Er scheint mir in sich gekehrt, als hätte er die ganze Zeit weggehört und weggesehen über mich und das, was ich eben gesagt habe. Von dort, wo Worte nichts mehr ausrichten, wird er etwas vernommen haben. Ich sollte jetzt aufstehen, mich vor ihn hinstellen und auch noch den Rest loswerden. Alles. Alles, was heißt das, fragt es mich schon wieder und ich merke, wie der Tropfen, um den es sich handelt, der Überlauftropfen, an mir abläuft und sich verdrückt. Meinen Arm sollte ich ausstrecken, Hannos Hand ergreifen. Worauf warte ich denn noch? Der Cognac hat mich nicht beruhigt, ich habe dummes Zeug ins Leere geredet, Wärme flammt sinnlos in meinem Magen herum. Noch immer kein Wort aus Hannos Mund, kein zustimmender Laut, mit dem er mich, meinen Aufruhr bestätigt, keine Handbewegung, die mich beruhigt. Schweigen. Skeptisches Schweigen. Meinen Koffer brauche ich gar nicht erst zu erwähnen.

Zum Glück weiß Hanno nicht, dass der Koffer voll-gestopft im Auto liegt. Ich wage nicht, vor Hanno zu treten und ihm in die Augen zu sehen.

»Wolf«, höre ich ihn, »ich habe jetzt keine Zeit für dich. Ich muss meine Zeit meinem Vater geben. Ich muss gleich zu ihm ins Krankenhaus. Er wartet auf mich. Es geht ihm ziemlich beschissen, du weißt ja. Er wird's wohl nicht mehr lange machen.«

»Tut mir leid«, murmele ich.

Nach allem, was ich von Hannos Vater weiß, war er ein gemeiner Mensch. Hat seinen Sohn geprügelt und gequält, bis er fünfzehn war. Einmal hat er ihn eine ganze Nacht im Keller eingesperrt, weil er die falsche Musik gehört hat. Danach war Schluss. Hanno ist abgehauen. Als er später seinen Vater wegen seiner Methoden zur Rede stellte, hat ihm sein Erzeuger ins Gesicht gesagt, er hätte es nur aus Besorgnis getan. Sein Sohn sollte nicht sein Leben verschleudern für Drogen und falsche Freunde und Werte. So einer ist Hannos Vater. Jetzt kratzt er ab und Hanno kümmert sich um ihn.

Dann lieber einer wie mein Stiefvater, denke ich.

Mitten in der Nacht weckte mich manchmal sein Geruch. Lautlos hat er sich in mein Kämmerchen unterm Dach geschlichen. Er war da, nah bei mir, und ich weiß seitdem, wie wahre Nähe riecht. Weil ich den Geruch tief und gierig in mich aufnahm und weil ich jedes Mal darüber erschrak, habe ich mich schnell auf die Seite gedreht, der Dachschräge zu. Mein Stiefvater stand jetzt am Bett. Er hob die Bettdecke an und legte sich neben mich und legte seinen Arm warm und besitzergreifend um mich. Ich spürte die Scheu, mit der sich sein Körper an mich drängte. In meiner Kehle, auf meinen Lippen erwachte eine Sehnsucht, die unbegreiflich mehr Raum gefordert hat als alle Scham. Den Geruch wollte ich behalten. Die Drohung des an meinen Hinterbacken wachsenden Geschlechts, die Vorsicht, mit der dann der Körper von mir abrückte, sich aufsetzte, die Eile, mit der er mich auf Zehenspitzen verließ, nicht ohne vorher die Bettdecke über mir zurechtzuschieben, das Bedauern, in dem mich das Empfinden dieses Geruchs noch lange gefangen hielt, das alles steht in mir auf, als wäre es eben geschehen, während ich an Hanno und seinen Vater denke. Meinem Stiefvater, den ich nie Vater oder Papa und nie bei seinem Vornamen genannt habe, ging es, wenn er mal ein paar Worte mit mir gewechselt hat, immer nur um Fragen und Antworten, Schule und Sport betreffend. Aus Irma war über den wortkargen Besucher, der Hunger und Durst hatte, kaum etwas herauszuholen. Mein Gerd ist in Ordnung, der ist und bleibt ein Vagabund. Vertreter soll er gewesen sein. Wenn Irma über ihren Gerd redete, vergaß sie ihre Lästerzunge, und wenn mir das bewusst wurde, tat es mir weh. Sie war meine Stiefgroßmutter. Beide hatten einen anderen Nachnamen als ich. Ich habe geschluckt, mir auf die Unterlippe gebissen, bis sie fast zu bluten anfing, bis sich mein Schmerz in Gleichgültigkeit verwandelt hat. Meinen Erzeuger habe ich nie gesehen. Die nächtlichen Annäherungen meines Stiefvaters waren zaghaft und traurig. Dieses verhaltene, niemals zur Tat übergehende Verlangen galt ja gar nicht mir, dem Jungen, sondern ihr, meiner Mutter, die sich vor vielen Jahren in den Geruch eines bunt gestreiften Kleides aufgelöst hat. In zwei Hände, die mich hochhoben und wieder auf dem Boden absetzten.

Ich ergreife Hannos Hand und halte sie fest, bis seine Stimme an mein Ohr dringt. »Es braucht dir nicht leid zu tun, das weißt du auch. Tu dir lieber selbst mal ein bisschen leid.« Hanno schüttelt den Kopf. »Manchmal redet man ganz schön Stuss. Leidtun bringt nichts, weder sich selbst noch 'nem anderen. Ist doch wahr.«

Er legt mir eine Hand auf die Schulter. Fährt mit seinen Fingern meinen Hals entlang und strubbelt in meinen Haaren herum. Da wittere ich ihn wieder, den Geruch. Ich ziehe die Schultern hoch und halte die Luft an, will mich und alles darin vergraben. Hanno nimmt die Hand aus meinem Haar und räuspert sich.

»In der nächsten Zeit werde ich auch keine Zeit haben«, sagt er ohne Bedauern und nimmt seine Jacke von der Stuhllehne. »Ich muss mich um meine Mutter in Wien kümmern. Tut mir leid, Wolf.« Er wirft sich die Jacke über die Schulter und lacht verlegen, sein zu-viele-Leute-und-zu-wenig-Brot-Lachen.

»Nein«, korrigiert er sich, »wenn ich ehrlich bin, tut mir auch das nicht leid.«

Gehorsam erhebe ich mich. Hanno geht mir mit Schwung voraus. Unvermittelt bleibt er im Flur stehen, ich bleibe auch stehen. Er hebt eine Hand an den Mund wie immer, wenn ihm gerade etwas eingefallen ist, und dreht den Kopf zur Seite. Der Einfall lenkt den Vogelblick. Hanno fixiert einen Punkt. Dann nimmt er seinen Weg wieder auf, mir voran aus dem Zimmer, der Wohnung, die Treppen hinunter. Ich war dem Blick gefolgt. Er galt einem Blatt Papier auf dem Fußboden. Dem Kunstdruck mit Porträtzeichnungen von Leonardo. Hässliche Fratzen.

Vor dem Haus lege ich meine Arme um Hanno und drücke meinen Kopf an den Kopf des Geliebten. Ich nehme sein Gesicht in beide Hände, halte es lange fest und suche meine Ruhe in Hannos alten Augen.

Geschmacksfrage

An einem Freitagabend setzte sich mein Vater, die Zeitung in der Hand, an den Küchentisch. Mein Vater saß gern eine Weile in der Küche, wenn er von der Arbeit nach Hause kam. Meine Mutter bereitete das Abendessen vor und er am Fenster las seine Zeitung. An diesem Freitag stand ich neben meiner Mutter vor dem Herd und sah ihr dabei zu, wie sie silbrig feuchte Fische in einer schleimigen Panade aus Semmelmehl und Ei wälzte.

»Der Hering ist ein kostbarer Fisch«, hörte ich meinen Vater.

Das Wasser mit den Pellkartoffeln fing leise an zu blubbern. In der Bratpfanne schmolz der Margarineklumpen, verteilte sich ölig und begann zu schäumen. Meine Mutter griff den ersten bräunlich beklebten Fisch am Schwanz und ließ ihn geschickt in die aufzischende Pfanne gleiten und als er lag, nahm sie den zweiten Fisch und legte ihn neben den ersten. Beide brutzelten. Ich, den Heber in der Hand, wartete darauf, die fertig gebratenen Fische aus der Pfanne zu nehmen und vom Heber auf den Teller gleiten zu lassen, der auf dem Tischchen beim Herd bereitstand.

»Sehr kostbar ist der Hering«, wiederholte mein Vater.

Ich hörte ihn ein paar Mal laut ausatmen, als kühlte er nachträglich jedes Wort mit seinem Atem ab. Es ging ihm also nicht um irgendetwas. Meine Mutter und ich stießen uns unauffällig mit den Ellbogen an.

»Und er schmeckt, der Hering, er hat einen Geschmack wie …«

Mein Vater räusperte sich. Ihm war nichts eingefallen, womit er den Geschmack des Herings vergleichen konnte. Er räusperte sich noch einmal. Wenn sich mein Vater nur einmal räusperte und dann nichts sagte, hatte er kurz überlegt und es dabei belassen, räusperte er sich zwei oder drei Mal, dachte er über eine wichtige Sache nach und man musste sich auf einen Vortrag gefasst machen.

»Unvergleichlich schmeckt der Hering«, murmelte er.

Wer meinen Vater nicht kannte, zufällig aber in seiner Nähe war und mitbekam, wie er sich in die wichtige Sache hineinsteigerte, Stellung nehmen oder beziehen nannte er das, wer also dabei war, wenn mein Vater Stellung bezog, konnte auf die Idee kommen, sich zu verdrücken. Aber ich konnte jetzt meine Mutter und die Bratfische nicht allein lassen. Mein Vater bezog zum Beispiel die Stellung, die Welt sei krank, weil die meisten Bewohner nicht mit dem eigenen Kopf dächten. Stattdessen lasse sich der Mensch seine Meinung und Haltung zu den Dingen, die sich ereigneten, von oben diktieren. Stimmte, was mein Vater sagte, dann ließen neun Zehntel der Menschheit bedenkenlos zu, dass ein Zehntel denkt. Im Augenblick war er heftig dabei zu denken, denn er räusperte sich mehr als zwei Mal und merkte nicht, dass ich mich kurz zu ihm umdrehte. Ich sah ihn vor-gebeugt sitzen, die Beine übereinandergeschlagen, die Stirn gerunzelt. Seine Zeitung lag zusammenge-faltet auf dem Tisch. Meine Mutter wendete beide Fische. Es zischte.

Wenn meinen Vater ein Thema packte, vor allem aber, wenn er seinerseits das Thema packte und es eine Weile nicht losließ, wurde er zum leidenschaft-lichen Verfechter. So nannte meine Mutter meinen Vater, wenn sie seine Stellungnahmen über sich ergehen ließ. Du bist ein leidenschaftlicher Verfech-ter, sagte sie zu ihm und gab ihm einen Kuss und er verzog das Gesicht halb erfreut, halb ungläubig, als kostete er gerade den ersten Schluck von seinem selbst gemachten Wein.

Aus einer Bewegung hinter meinem Rücken schloss ich, dass er sich straffte und Luft holte. »Hätte man auf dem Fischsektor Richtlinien für Ge-schmacks- und Feinheitsqualität«, fing er an, »einen objektiven Maßstab also, nach dem die Preise für Speisefisch festgesetzt werden, müsste man für den Hering sehr viel mehr bezahlen, nämlich so viel wie für eine Rarität.«

In den Augen meines Vaters wurde eine Sache, an die man nicht oder nur durch Beziehungen her-ankam, zu einer Rarität. Dem Hering, den man nun wirklich jeden Tag frisch kaufen konnte, gestand er offenbar trotzdem den Status der Rarität zu. Ich wusste, dass er jetzt den Mund verzog, als hätte er Zahnschmerzen, und dazu heftig nickte wie immer, wenn er über unerreichbare Dinge sprach, große Autos, eine Reise nach Schweden, einen Kaschmirpullover für meine Mutter mit ihrer empfindlichen Haut. Der Hering, empörte sich mein Vater – der den Hering in der Einzahl benutzte wie auch den Russen, den Ami, den Menschen, den Christen –, der Hering sei zur Massenware degradiert. Das könne er nicht hinnehmen. Seiner Stellungnahme nach gehöre der Hering, um seiner Feinheit gerecht zu werden, in die Reihe der Delikatessen. Auch wenn man dafür in Kauf nehmen müsste, ihn nur noch selten zu genießen.

»Fertig«, sagte meine Mutter leise zu mir und griff den dritten panierten Fisch am Schwanz. So schnell ich konnte, schob ich den Heber unter den ersten fertigen Fisch und legte ihn auf den Teller, danach den zweiten, und meine Mutter tat die beiden nächsten Fische nacheinander in die Pfanne. Zum Glück befand sich außer meinen Eltern und mir sonst niemand in der Küche. Meine Mutter und ich hatten genug mit spritzendem Fett und Fischgeruch und tränenden Augen zu tun. Ginge er hin und verlangte den Hering als Viertelpfund, sagte mein Vater spöttisch, würde ihn die Fischhändlerin in der Markthalle am Alex ansehen, als sei er leicht daneben. Er setzte noch eins drauf: Eher schon schwer daneben. Er kicherte kurz und fiel dann in den vorwurfsvollen Tonfall zurück. Gezwungen sei man, frischen Hering pfund- oder kiloweise zu kaufen wie auch den Apfel und anderes. Den Apfel müsse man aber wenigstens nicht sofort verbrauchen, der Apfel sei kaum vom Verderben bedroht, schrumpele lediglich mit der Zeit. Um den Apfel brauchten wir uns ohnehin keine Gedanken zu machen, weil wir den im Überfluss im eigenen Garten hätten. Mein Vater seufzte laut. Meine Mutter schob den bebenden Deckel des Kartoffeltopfs etwas zur Seite, damit das kochende Wasser im Topf blieb, und stellte beide Gasflammen kleiner.

Ein Kilo Hering koste etwa so viel wie fünfzig Gramm Soundso. Er nannte den Namen eines Fisches, den ich schon einmal gehört hatte, aber auch jetzt gleich wieder vergaß. Weil der Hering immer und billig zu haben sei, fuhr mein Vater fort, mit einer Stimme, bedroht vom Umkippen in die Schärfe der Erbitterung, erführe er, egal ob gebraten, geräuchert oder eingelegt, nicht die ihm gebührende Würdigung, man schlinge ihn achtlos hinunter.

Ich sah meine Mutter von der Seite an. Sie wendete den vorletzten Fisch. Er sah etwas verkohlt aus. So roch es auch. Zum Glück zog durch die geöffnete Fensterluke ein bisschen frische Luft. Zum bloßen Sattmachen sei der Hering herabgesunken, schimpfte mein Vater, ach, was hieße gesunken, nie habe er oben gestanden. Meine Mutter hüstelte und verzog genervt ihre Mundwinkel. Ich verzog meinen Mund ebenfalls. Eine Delikatesse wie der Hering, statt für den einen Sinn und Zweck auf dieser Welt zu sein, seine Zartheit auf der Zunge des Genießers zergehen zu lassen und ihm die feine, naturgegebene Würze mit einem Schluck guten Weißweins zu bestätigen – mein Vater drückte sich, wenn er Stellung nahm, zuweilen sehr belesen aus –, statt als Besonderheit gefeiert, sei der edle Fisch zur Banalität verdammt, könne man sagen, ich hörte ihn eifrig schniefen, und warum? Ha, darum, weil er in Schwärmen vorkomme. Weil er ohne große Umstände massenhaft zu fangen sei. Im Glauben, sich etwas Großartiges und Besonderes einzuverleiben, ginge man dagegen an einen Fisch heran, der nicht in beinah allen Meeren Ost und West, sondern in schwer erreichbaren Gewässern, wenn nicht gar nur in bestimmten schwierigen Bereichen der Weltmeere zu finden sei, einen wie den Hai, dessen Fleisch zwar, wenn man ehrlich sei, nach Sand schmecke, dessen Fang aber unvergleichlich mehr Aufwand erfordere als der Heringsfang, weshalb man Haifleisch nicht ohne Weiteres verzehren könne und es aus diesem Grund als hochrangig einstufe. Wegen eines lächerlichen Viertelpfundes müsse man dem Hai hinterherlaufen, sich ihm annähern mit Bestechungsversuchen wie Konfekt oder schöne Augen machen, sich den nächsten Liefertermin von Hai mehr oder weniger mühsam durch Erringen der Gunst der Fischhändlerin in den Markthallen erschleichen, die, nebenbei gesagt, nicht einmal sein Typ sei. Meine Mutter gab einen Laut des Überdrusses von sich, ähnlich wie ich in Russisch, beim Vokabelabfragen.

Dass eine Frau sein Typ oder nicht sein Typ sei, bemerkte mein Vater gern, allerdings äußerte er sich nüchtern in Gegenwart meiner Mutter, auch wenn er nicht ihr Gesicht, sondern wie jetzt nur ihre Rückseite vor Augen hatte, lediglich über Frauen, die eher nicht oder gar nicht sein Typ waren. Wenn er vor dem Gesicht meiner Mutter doch einmal fand, dass eine Frau sein Typ war und er das unbedingt loswerden musste, war diese Frau tot wie die Bergner oder als Statue verewigt wie Uta im Naumburger Dom. Um ihre hochgezogenen Augenbrauen brauchte sich mein Vater dann keine Sorgen zu machen, wenn er vor meiner Mutter von einer toten Frau verriet, sie sei sein Typ; er konnte sich dann sogar ihres Lächelns gewiss sein.

Einen Fisch wie der Lachs, rar zwar, doch nicht halb so zart, nicht halb so schmackhaft wie der Hering, einen teuren, jedoch eher faden Fisch müsse man dennoch zu festlichen Anlässen auftischen. Man behandele diesen Bluffer mit großem Aufwand und feierlichen Gebärden und nach dem Verzehr mit lautstarker Anerkennung, sorge dafür, dass der mit Lachs bewirtete Gast es überall weitererzählt, zumindest, dass die Nachbarn von dem Aufgebot erfahren. Ein teurer Fisch bedeute, um beim Aufgebot zu bleiben, kaum etwas anderes als ein Sarg aus Mahagoni und opulenter Grabschmuck, was beides im Grunde doch auch nur der Leute wegen hingestellt werde, damit die einem nicht hinterherreden, man achte seine Toten nicht. Einen unerschwinglichen Fisch anzubieten, sei in der Tat nichts als Imponiergehabe, fasste mein Vater zusammen, ehe ich den Teller mit den sechs fertig gebratenen, schon etwas abgekühlten, schrumpligen Fischen ergriff, um ihn zum Esstisch im Wohnzimmer zu tragen.

Meine Mutter drehte sich zu ihm um.

»Hol uns doch bitte eine Flasche aus dem Keller, mein Lieber«, bat sie meinen Vater, »du weißt doch am besten, welcher Wein zu Forelle passt.«

Irene schläft

Er steht in der geöffneten Wohnungstür, Schlüsselbund in der rechten, den Einkaufsbeutel mit Tageszeitung, vier Brötchen, einem Netz Orangen an der
anderen Hand. Wie immer, wenn er von draußen
kommt, horcht er in die Wohnung hinein. Sonnenlicht fällt in hellen Streifen durch die Küchentür und
beide Schlafzimmertüren. Er zieht die Wohnungstür
zu, steckt den Schlüssel drinnen ins Schlüsselloch
und dreht ihn einmal im Schloss.

»Bin wieder da!«

Er stellt den Einkaufsbeutel auf der Kommode
neben dem Telefon ab und knöpft den Mantel auf.
Er greift den Beutel bei den Henkeln, will ihn in die
Küche tragen und bringt es nicht über sich. Im aufgeknöpften Mantel bleibt er vor der Kommode stehen, den Beutel an der Hand. Er hebt den Kopf und
wirft einen Blick in den Spiegel, zu schnell, um etwas
zu erkennen. Er hält seine Ohren und Sinne in die
Geräuschlosigkeit, die ohne Antwort bleibt, er weiß
nicht, was er davon halten soll. Wartend starrt er vor
sich hin und erinnert sich an eben, an draußen. An-
genehm draußen. Fast sommerlich. Erstaunlich, der
Umschwung im Vergleich zu gestern. Aber Vorsicht:
Aprilwetter. Umschwung, fällt ihm ein, war mal ein
Begriff. Kriegsende. Für den unbenennbaren Bruchteil einer Sekunde meldet sich in ihm das Erschrecken
des Dreizehnjährigen, der hilflos auf den Trümmern

der Wand steht, die sich ohne jede Vorankündigung vom Haus gelöst hatte, wie eine Klappe auf den verschneiten Garten gefallen war. Eine Puppenstube, sein Elternhaus, oben das Badezimmer, das Elternschlafzimmer, darüber die schräge Dachstube, ganz unten seine kleine Butze mit dem Indianerbild über seinem Bett, die Küche mit dem langen Ofenrohr. Das Bild versinkt, es bleibt die Stille um ihn herum.

»Irene?«

In der Küche ist sie nicht. Die Badezimmertür ist angelehnt. Kein Licht im Bad. Er schaut in beide Schlafzimmer am Ende des Flurs. Keine Irene. Er kennt das. Manchmal lässt sie sogar die Wohnungstür offen und läuft raus, er sucht sie, ruft ihren Namen durchs Haus. Sie schwatzt seelenruhig eine Treppe tiefer mit einer Nachbarin. Wie ein Bewerber kommt er sich vor, wenn er außer Atem bei ihr auftaucht. Mein Mann hat Angst, ich lauf ihm weg, so was sagt sie dann, und die Nachbarin lacht. So eine ist sie. Umschwung von einer Minute zur nächsten. Manchmal kaum auszuhalten, seufzt er lächelnd und dreht sich um. Durch die geöffnete Wohnzimmertür gegenüber den Schlafzimmern sieht er Irene auf dem Sofa liegen. Sie liegt auf der Seite, das Gesicht ihm zugewandt, ein Bein angewinkelt übers ausgestreckte andere Bein gelegt. Sie schläft.

Ihre Brust, er sieht es genau, hebt und senkt sich leicht. Sie schläft offenbar ganz fest. Er fasst sich ans Herz, an die Stirn. In der Minute seines Zurückweichens von der Tür in den Flur hinein, durch den Flur bis vor die Wohnungstür, hat er sich den Anblick seiner schlafenden Frau zurechtgerückt für diesen Tag, diesen sonnigen Morgen, diese Stunde, in der sie beide gleich frühstücken werden. Ungewöhnlich, am Morgen nach einer durchschlafenen Nacht so fest zu schlafen. Erfüllt von Erleichterung hält er vor der Wohnungstür an. Er will nun wieder zu ihr hin, etwas tun, sie wachrütteln. Er bringt es nicht über sich. Das kennt er von sich. Wenn etwas anders ist als gewohnt, wenn es brenzlig riecht, ihn jemand anschreit, wenn es donnert, verwandelt er sich in einen Klotz, einen Stein. Lächerlich, er damals, bei seiner Prüfung in Wirtschaftskunde, bombensicher vorbereitet. Einer in der Prüfungskommission niest plötzlich und er hat ein Blackout. Seine Gedanken und Empfindungen rennen im Kreis, er bewegt sich nicht von der Stelle. Plötzlich fällt ihr ein zu schlafen. Er kennt das, er hat ihre Umschwünge immer ausgehalten, aber hallo, wie Pauline gern sagt. Das soll ihm einer nachmachen. Er hat sich daran gewöhnt. April, April, der macht, was er will. Meine Alte passt dazu.

Hunger hat er, Frühstückshunger. Bring Orangen mit! Er hat es noch im Ohr.

Sein Mund, seine Augenbrauen verziehen sich zu einem lautlosen Schrei. Er merkt es. Deutlich spürt er die Kraft seiner Gesichtsmuskeln. Er zieht die Grimasse weg, behält bei sich, was sein Gesicht sagen will, legt es dahin zurück, woher es kam. Tief nach innen. Das konnte er schon als kleines Kind und hat es sein Leben lang gekonnt, sich selbst ausdrücken

mit seinem Gesicht. Sie aber soll ihn mit seiner zer-
knautschten Visage möglichst nicht erwischen. Was
ist denn nun schon wieder los? Ihre nörgelnde Stimme. Soll ich Walter Matthau zu dir sagen?

Er grinst vor sich hin.

In den ersten Jahren haben ihre Wechselbäder
ihn scharf gemacht. Heute schwarze Haare, morgen
rote. Eben noch lacht sie sich kaputt über einen Gesichtsausdruck im Fernsehen, im nächsten Moment
flucht sie lauthals und regt sich über die politischen
Lackaffen auf. Früher, wenn sie auf einmal aussah,
als hätte sie in was Bitteres gebissen, hat er sie sich
einfach schnell gegriffen, jedenfalls, wenn die Kinder draußen waren und auch sonst niemand in der
Nähe. Hat sie aufs Bett geworfen, auf den nächst-
besten Tisch und ordentlich durchgenommen. Ja,
das hat er. Und wie! Er zieht die Stirn in Lachfalten,
kichert leise. Unmöglich fand sie ihn, aber gefallen
hat es ihr. Wie sie mitgemacht hat! Früher, wann war
das? Denkt man an früher, kommt es einem vor wie
gerade gestern. Bürodinge wie Geld, Daten, Jahres-
angaben kann man in Aktenordnern nachschauen.
Aber wie man gelebt hat, was man dabei gefühlt
hat, das lässt sich nicht einfach abheften, höchstens
vergessen. Was man nicht vergisst, bleibt, als wäre es
gestern passiert. Heute geht das nicht mehr so mit
uns beiden. Er überlegt. So stark, wild, ungestüm.
Er kippt den Kopf abwägend nach beiden Seiten
und muss schon wieder kichern. Wozu auch. Wir
hatten eine Menge Freude aneinander. Und auch

jede Menge Ärger. Als er losging Brötchen holen, war die Dame hellwach. So wach, dass sie über seine Langsamkeit beim Mantelanziehen den Kopf schüttelte. Mach hin, hat sie gesagt, ich hab Hunger. Und vergiss nicht die Orangen. Kaum ist er weg, legt sie sich hin und schläft. So ist das mit Irene.

Er merkt, er steht noch immer unbewegt da, die Wohnungstür im Rücken, neben sich die Kommode, vor sich die geöffnete Küchentür, durch die das viele Licht kommt. Er muss blinzeln. Seit sie hier allein leben, bleiben die Türen offen. Er hält den Kopf gesenkt.

Die goldbraunen, in diesem hellen Licht beinahe weißen Holzbohlen unter seinen Füßen sind der Grund, auf dem er lebendig sein kann. Ein warmes, unerschütterliches Gefühl geht von dem Grund aus. Sie hat immer zu ihm gestanden. Damals, als er die Personalakte von dem Betriebsratsmitglied verlegt hatte, wie hieß der noch, guter Mann, der hat sich allen voran für uns eingesetzt, wenn's um Urlaub und Kurbewilligung und anderes Personelles gegangen ist, auch um fundamentalere Sachen wie Stellenabbau, wer weiß, vielleicht war das gar kein Versehen gewesen, war Absicht dabei, ausgerechnet diese Akte zu verlegen und sie dann nicht zu finden, weil er nicht wollte, dass dem Mann gekündigt wird – jedenfalls, als er wegen der verbummelten Personalakte eine Abmahnung bekommen hat und ziemlich bedeppert neben dem Chefschreibtisch stand, ist sie ohne anzuklopfen durch die Tür gestürmt und hat sich vor dem

Boss aufgepflanzt. Mehr als zehn Jahre arbeiten wir hier für Sie, mein Mann und ich, und nun das! Abmahnung, wegen so einer Lappalie! Hier haben Sie Ihre Akte! Die war bei mir im Büro! Ich musste da was nachsehen wegen der letzten Lohnabrechnung! Dem zu kündigen, so einen Abteilungsleiter kriegen Sie nie wieder!

Ihre langen Beine, ihr vor Wut lang gezogener Hals, das Feuer in ihren Augen, ihre energische Stimme, die Bewegung ihres rechten Arms, mit der sie dem Chef den Schnellhefter auf den Schreibtisch pfeffert. Dem Kollegen ist nicht gekündigt worden, der hat weiter gestänkert, zu Recht, die Abmahnung wurde zurückgenommen. Alles wegen Irene.

Er gibt sich einen Ruck. Geht mit energischen Schritten durch den Flur zu ihr. Lächelnd sieht er von der Flügeltür aus zu ihr hin, wie sie da friedlich auf dem Sofa liegt, und er umarmt sie in Gedanken, so wie sie ihn vorletzte Nacht umarmt hat, als sie zu ihm ins Bett gekrochen kam. Meine liebe Kratzbürste. Mit deiner Einschlaferei wird's gleich vorbei sein. Frühstücken, das magst du sehr. Gleich werden wir beide Kaffee trinken, deinen koffeinfreien, wegen dem Herzinfarkt im Dezember, dazu dein Honigbrötchen. Danach Käsebrötchen. Dann bist du zufrieden. Und er ist es dann auch. Aus Solidarität hat er sich koffeinfreien Kaffee angewöhnt. Schmeckt auch. Kaum anders als koffeinierter. Er liest in Ruhe seine Zeitung, sie hört ihr Jazzradio. Meine Zeitung, meine Kniearthrose, ihr Radio, ihre Herzbeschwerden. Unser Fernsehen. Leise swingende Musik im Hintergrund, vor den Augen Informationen und Kommentare, in der Hand ein Brötchen mit Honig oder Käse, Kaffeeduft, das ist Leben. Ab und zu sieht er von der Zeitung auf, um ihr was Wichtiges zu sagen oder um sie zu fragen, wie sie dies und jenes findet, Kürzungen, Steuererhöhungen, Kriegseinsätze. Er will wissen, was sie dazu zu sagen hat, sie hat meistens etwas dazu zu sagen, auch wenn sie fernsehen, und meistens kann er ihrem Beitrag zustimmen. Sie denkt deutlicher in Richtung Aufbegehren gegen Idiotie und Gier und Ungerechtigkeit, er sieht manches gemäßigter, aber wenn es darauf ankäme, würden sie in die gleiche Richtung marschieren. Gutes Leben, kein Vegetieren aus der Tiefkühltruhe. Das haben wir uns verdient. So wie wir oder so ähnlich müssten alle leben. Keine großen Sprünge, aber zufrieden. Man muss doch nicht zu den Kapverden, die Ostsee macht's auch. Jeden Monat eine Geldspritze für Pauline, die es nicht leicht hat als Fotografin. Es gibt so viele davon. Und etwas aufs Sparbuch. Auf große Oper haben wir beide nicht gestanden, aber ins Kino sind wir gern gegangen. Zu Weihnachten und zu den Geburtstagen gab's Theatergutscheine von Pauline, von Hanjo Konzertgutscheine. Da haben sich die Kinder abgesprochen. Damit ihr uns keine Kulturbanausen werdet. Gute Idee.

Er hat eine ganze Weile in der Tür gestanden und zu Irene hin gedacht, als sei schon gestern. Irene, wie sie da liegt, ist vor seinen Augen verschwommen. Er dreht den Kopf und schaut zu der großen Fotografie über der Kammertür hoch. Eine Brücke im Nebel. Dafür hat Pauline einen Preis bekommen.

Er schluckt.

Den Beutel hat er noch immer in der Hand, die Schuhe auch noch nicht ausgezogen. Bring Orangen mit! Er war eilig losgegangen, damit ihr nicht noch was einfällt. Nach dem Frühstück werden sie wie immer zusammen einkaufen gehen. Sie zeigt, was sie haben will, er tut's in den Einkaufswagen. An der Kasse packt sie die Sachen in den Beutel, er zahlt und trägt den Beutel dann nach Hause. Vielleicht nachher vor dem Einkaufen ein Stück spazieren. Nicht allzu weit, wegen seines Knies und der linken Hüfte und wegen ihres Herzens. Und der Rücken ist bei beiden nicht der beste. Im Stadtpark sind die Wege nicht mehr so matschig. Wenn dann die Sonne noch scheint. Wenn's nicht gleich wieder regnet.

Er wendet sich um und geht zur Küche zurück. Ein paar zögernde Schritte hin zum Fenster, unter dem der gedeckte Frühstückstisch steht. Butterdose, Honigglas, Käsescheiben. Die Sonne wirft ihr Licht auf einen Teil der Zutaten. Die werden in der Sonne alle weich werden. Aber die zieht weiter. Nicht die Sonne, wir sind es, die weiterziehen. Er lacht laut auf über seine Spitzfindigkeit, hält sich die Hand vor den Mund. Umfasst mit einem zärtlichen Blick die weißen Kaffeebecher mit seinen und ihren Initialen, Mitbringsel von Hanjo, die weißen Porzellanbrettchen, Teelöffel, Messer. Das Kännchen mit fettarmer

Milch. Auf der Kaffeekanne steht der Porzellanfilter mit der Filtertüte bereit. Darin die für vier Tassen abgemessene Menge Kaffeepulver. Kaffeemaschinen mag sie nicht. In der Hinsicht ist sie konservativ. Das Kaffeewasser im Wasserkocher hat bereits gekocht. Er stellt den Wasserkocher nochmals an.

Er lächelt glücklich. An alles gedacht. Er muss sich mit der Hand zwei Tränchen von den Augenwinkeln wischen. Was ist nur los mit ihr, dass sie sich gleich nach dem Aufstehen wieder hinlegen musste? Er zieht die Papiertüte mit den Brötchen aus dem Einkaufsbeutel, nimmt die Brötchen raus, zwei Weizenbrötchen, zwei Schusterjungs, legt sie ins bereitgestellte Körbchen. Schön ist das. Wir haben es gut miteinander. Er zerknüllt die Tüte in der rechten Faust und pfeffert die Papierkugel im Gefühl, es richtig zu machen, alles richtig gemacht zu haben, zum Trennmüll in den Papierbehälter. Ich leg mich mal kurz hin, hört er sie zu ihm sagen. Was ihr auch einfällt, ihre Stimme klingt ruhig, wenn sie es ankündigt, in schönster Selbstverständlichkeit bringt sie ihre Einfälle heraus. Hab mir gestern grüne Stiefel gekauft, guck mal, und wehe, er bewundert sie nicht für diese Froschteile. Mit denen soll sie mal schön alleine losgehen, ohne ihn. So was würde er ihr aber nie ins Gesicht sagen. Er legt auch seine passende Grimasse beiseite, schüttelt nur lange den Kopf. Und wenn er es doch mal sagt, ihr androht, nie im Leben mit einer Frau mit grünen Stiefeln auf die Straße unter die Leute zu gehen – er hält sich nicht dran. Sie freut sich so. Ist so glücklich über ihre neuen Stiefel. Der komische lila Filzhut letztens. Alle starren sie an. Sie braucht das. Und er, wenn er ehrlich ist, er fühlt sich dann immer ein bisschen stolz, wenn sie alle glotzen. Seine Alte mit lila Filzkappe und grünen Stiefeln, ha. Was Besonderes.

Er steht dumm herum, merkt er. Was soll er tun? Was schon, zurück zu ihr. Da liegt sie mit ihren roten Hausschuhen. Filz. Vom Markt. Anders als er kann sie meistens schnell einschlafen und schnell aufwachen. So ist es geblieben, auch im Alter. Bis auf dieses eine Mal, letzten Dezember, als sie den Notarzt rufen mussten und sie dann eine Woche im Krankenhaus lag. In der Nacht hat sie nicht einschlafen können. Er hat es zum Glück mitbekommen, wie sie in ihrem Bett schwer geatmet hat. Herzanfall. Ohne Voranmeldung. Es hat seinen Sinn, dass sie die Türen offen lassen.

Soll sie doch schlafen. Wenn sie es braucht. Sie lässt ihm ja auch seine Zeit, drängelt ihn nicht. Hat sie nie, ihn gedrängelt. Er hat seine Arbeit gemacht, sie ihre. Musste er nach Feierabend an Besprechungen oder Konferenzen teilnehmen, ist sie allein nach Hause gefahren. Mit der U-Bahn. Damit er das Auto nehmen kann. Sie stand eines Tages vor seinem Schreibtisch im Personalbüro und gab ihre Bewerbung ab. Er sah ihre Augen, ihren Mund, ihre Brüste, genau in der Reihenfolge sah er sie an und wusste. Die. Keine andere. Die erste Ehe hat nur vier Jahre gedauert. Die Inge wollte keine Kinder.

Das war der Auslöser für die Trennung. Jedenfalls, er war fällig. Wenn er daran denkt, wie er und Irene das erste Mal ... Danach war es viele Jahre lang beinah jedes Mal wie beim ersten Mal. So, wie soll er sagen? Begeistert ist vielleicht das richtige Wort dafür. Ja, begeistert haben sie es miteinander getrieben. Auch noch, als Pauline und Hanjo dazukamen, reichlich schnell nacheinander. Als die Kinder beide endlich aus dem Haus waren, haben sie das Haus verkauft und sind nach Berlin gezogen. Berlin war natürlich Irenes Idee. Aber warum nicht Berlin? Das ging damals ruckzuck, die Bedingungen waren günstig. Die Regierung hat den Leuten, die dablieben und denen, die zuzogen, die vermauerte Stadt sehr schmackhaft gemacht. Die Wohnung haben sie erst gemietet, nach einigen Monaten aber angezahlt und nach und nach abbezahlt. Da leben sie nun seit mehr als dreißig Jahren. So lange schon. Das Geld fürs Haus abzüglich der Wohnungsanzahlung haben sie den Kindern vermacht. Sparbuch für jedes Kind. Damit konnten sich die beiden ihre Ausbildung finanzieren. Hanjo ist Lehrer geworden, Pauline Fotografin. Sind beide nicht verheiratet. Haben wir was falsch gemacht? Hanjos Söhnchen Uwe lebt von Anfang an bei ihm. Die Schlampe von Freundin ist aus dem Krankenhaus abgehauen, verduftet, kaum dass das Kind auf der Welt war. Er will daran nicht denken. Am Wochenende ist er manchmal bei uns, der Kleine. Der ist jetzt auch schon groß. Dreizehn Jahre, schwieriges Alter.

Wenn er daran denkt, wie lange er und Irene es miteinander ausgehalten haben, wenn das Gespräch mit den Kindern oder mit Greiners darauf kommt, auf dieses lange Miteinanderleben, muss er immer wieder nachrechnen. Irene kommt ihm zuvor. Na, Hans, na? Brauchste wieder mal 'n Taschenrechner? Herausfordernd sieht sie aus, wenn sie ihren Kopf schief hält und ihn anblinzelt. Dann sagt er zu ihr: Du bist der Buchhalter. Und sie verbessert ihn mit Betonung. Die Buchhalterin, mein Lieber, die Buchhalterin.

Er hört in der Küche das Wasser sprudeln, eilt gehorsam zurück, nimmt den Wasserbehälter ab, gießt kochend heißes Wasser in den Filter. Die Orangen, richtig, die Orangen, er zieht das rote Netz mit den leuchtenden Früchten aus dem Einkaufsbeutel, reißt es auf, holt vier Orangen heraus, schneidet sie in Hälften, gießt heißes Wasser in den Filter. Wo war noch die Zitronenpresse? Hinter der rechten Tür im Hängeschrank, hört er Irene energisch und leicht vorwurfsvoll. Die Zitronenpresse, wo die steht, müsstest du allmählich wissen. Ja doch, da ist sie. Bei Milchkännchen und Zuckerdose. Sie hat mich gut erzogen, meine schöne Zicke, denkt er, atmet hörbar aus und nickt heftig und verzieht stolz den Mund. Die Gläser für den Saft stehen bereit. Er presst die Orangenhälften aus, gießt den Saft ein, verteilt ihn in jedem Glas auf den Millimeter genau. Er schaut aus dem Fenster ins junge Grün der Linde. Liebe machen, denkt er und schluckt. Er gießt erneut heißes Wasser in den Filter, beobachtet, wie es langsam durch die Masse des feuchten Kaffeepulvers sickert.

»Frühstück fertig, kannst kommen, Irene!«

Er wäscht sich die Hände im Wasserstrahl über der Spüle. Erst jetzt wird ihm bewusst, dass er seinen Mantel noch anhat. Er trocknet die Hände ab, betupft mit dem Handtuch den Mantelärmel unten und wagt noch einmal seine Strecke durch die Diele zur Wohnzimmertür.

Irene schläft. Was für ein Spiel hat sie sich da ausgedacht?

Er atmet tief ein, hält die Luft an und nähert sich ihr. Etwas verdreht liegt sie auf einmal da, als wäre sie im Stehen eingeschlafen und hätte sich, den Mund halb offen, ins Sofa hineinfallen lassen. Er seufzt. Es ist sonst nicht ihre Art, mit offenem Mund zu schlafen. Den Nacken starr, aus geblähten Nüstern schnaufend blickt er mit aufgerissenen Augen auf sie herunter, ohne sie wirklich zu sehen. Was er sieht, ist seine eigene sture Hoffnung, eingewickelt in eine lächerliche Fratze. Aber seine Gegenwart scheint ihr jetzt nichts auszumachen. Normalerweise kriegt sie, wenn sie auch nicht mehr gut hört, noch im Schlaf durch die Wand neben ihrem Bett manchmal mit, wie sie nebenan stöhnen, wacht davon auf und erzählt ihm das dann am nächsten Morgen beim Frühstück. Ja, das kommt vor, denkt er. Sie ist sehr geräuschempfindlich, seltsam. Vielleicht hat sie das ja auch nur geträumt. Sein eben noch gespannter Brustkorb senkt sich. Er entkrampft die geballten Fäuste.

Auf Zehenspitzen schleicht er sich rückwärts aus dem Zimmer. Als er durch die Tür ist, fühlt er sich wie ein losgelassener Papierdrachen. Vor der Wohnungstür knöpft er den Mantel zu. Er schließt auf, zieht den Schlüssel ab. Er tritt in den Hausflur, zieht die Tür leise hinter sich zu, verlässt die Wohnung, das Haus.

Als er vor der Haustür steht, noch unentschlossen, ob er die Straße rechts oder links hinunter soll, sieht er eine junge Frau vorbeigehen. Lange Beine in engen Jeans, blonder Pferdeschwanz, Jeansjacke. Deutlich erkennt er die vollen Brüste von der Seite, nur eine Sekunde lang. Irene!, denkt er, Irene. Die langen Beine hat sie immer noch. Die werden nicht kürzer im Leben. Sonst verändert sich vieles, das meiste ist nicht mehr wie gestern. Wie sollte es auch, die Zeit zieht an einem Richtung Erde. Hat auch bei ihm fast alles runtergezogen. Die Brust und alles andere. So ist das nun mal. Seinen Spaß hat man trotzdem. Ab und zu jedenfalls. Das bisschen Spaß lässt man sich verdammt noch mal nicht runterziehen von der Zeit.

Er tritt energisch aus dem Haus und geht den breiten Gehweg links herunter Richtung Jakobskirche, in dieselbe Richtung wie die junge Frau. Tief atmet er die warme Luft ein und aus. Er ertappt sich dabei, wie ein Hahn den Hals zu recken. Irene ist nicht mehr zu sehen. Sie ist verschwunden, dort, wo sie hin will, irgendwo zwischen den Leuten. Als er auf der Höhe des Platzes vor der Kirche angelangt ist, schreitet er aufrecht vor einem wütend hupenden Auto über die Straße, strebt auf die erstbeste freie Parkbank zu, setzt sich. Die Sonne hat die Bank angewärmt, merkt er, als seine Hand das grau gestrichene Holz berührt. Was war das für eine Wonne am Ofen, damals, sechsundvierzig, nach dem furchtbar kalten Winter. Er sieht seine schorfigen Stiefel mit den durchlöcherten Sohlen vor sich, fühlt noch seine steif gefrorenen Füße, den Hunger.

Einige andere Leute haben die gleiche Idee wie er. Sie halten ihre Hände neben sich auf den Sitz der Bank, als wollten sie sich daran wärmen. Ihm fällt auf, dass die anderen auch alleine dasitzen. Sie lesen Zeitung, starren auf die Grünfläche mit den Blumenrabatten. Krokusse, Primeln, Stiefmütterchen. Hübsch. Der Springbrunnen wird nicht mehr lange auf sich warten lassen. Warum sind wir allein, fragt er sich und verzieht sein Gesicht zu seiner halb verwunderten, halb verzweifelten Grimasse. Die Mundwinkel gekrümmt hochgezogen, die Stirn über der Nasenwurzel gefaltet, so stark, so fest, dass seine Augen der Faltung folgen, er spürt es wie einen Krampf. Die Augen ziehen sich zu dreieckigen Löchern zusammen, aus denen seine Tränen strömen könnten.

Die Kirchenglocken fangen an zu läuten. Erst eine, dann die andere. Er hört das Läuten gern, obwohl es sehr laut ist, wenn man so nah dran sitzt. Es erinnert ihn an früher, an gestern. In der Nähe der Kirche, geschützt von irgendwelchen Hecken und wohl auch vom lieben Gott haben wir uns eine Erdhöhle gebuddelt. Darin haben wir unseren Schatz aufbewahrt. Ein heiler Küchenwecker, ein vergoldeter Tortenheber, mehr fällt ihm nicht ein. Aber es kam immer mehr dazu. Und auch das weiß er noch. Eines Nachmittags war der Schuhkarton mit dem Schatz weg und damit sein guter Glaube an den schützenden Gott.

Auf dem Kiesweg kommt die Frau mit großen, sehr hellen Augen und hellem Pferdeschwanz und langen Beinen und aufgeknöpfter Jacke auf ihn zu. Genau in der Reihenfolge erkennt er sie. Er braucht gar nicht hinzusehen. Irenes Augen. Sie hat ihre Schritte dem Takt des Läutens angepasst. Ein Schimmern ist um sie herum. Er springt auf, dem Engel entgegen. Auf seinen Fittichen mitfliegen. Der Engel lächelt ihn an, wie Engel lächeln. Die Frau schreitet eilig vorbei. Er dreht sich um zu seiner Bank. Setzt sich. Sucht schluchzend ein Taschentuch in der rechten Manteltasche. In der linken findet er es.

Die Glocken läuten. Das Portal der Kirche öffnet sich für eine Hochzeitsgesellschaft. Die Braut im langen weißen Kleid, der Bräutigam und die anderen, Frauen und Mädchen in Festkleidern, Männer in Anzügen, kleine und größere Jungen komisch brav und ordentlich stellen sich lachend vor dem Portal auf, ein Mann hüpft hin und her und fotografiert. Wir haben nicht weiß geheiratet, man musste es damals schon nicht mehr. Den schwarzen Anzug habe ich nur dieses eine Mal getragen, er war mir für alles andere zu schade. Sie hat das nicht verstanden, sie hat mich ausgelacht. Sie hat ihr kleines Schwarzes oft getragen. Auf allen möglichen Festen. Auf Partys, zu Beerdigungen. So was kommt nie aus der Mode. Bis es ihr zu eng wurde. Wo sind die Sachen geblieben? Was kümmert ihn das. Er steht auf.

Der Kaffee wird abgekühlt sein. Er hat vergessen, die Kanne auf den Rechaud zu stellen. Er trottet nach Hause. Vorbei an Geschäften, Autos, Menschen. Sie kennen ihn nicht, er kennt sie nicht. Sie haben alle gute Laune. Ihm ist kalt.

Im Fahrstuhl grüßen ihn Nachbarn. Er grüßt zurück und schaut sie fragend an. Sie schauen freundlich an ihm vorbei, steigen aus und wünschen ihm noch einen schönen Tag.

Er hört vor der Tür das Telefon klingeln. Kaum ist er drinnen, klingelt es nicht mehr. Er hängt den Mantel an die Garderobe, zieht die Schuhe aus, rennt durch den Flur zu Irene.

Irene schläft. Sie hat ihre Haltung nicht verändert. Ihr Mund steht noch immer offen. Er kniet vor dem Sofa nieder, nimmt ihre kühle Hand in seine beiden Hände. Meine Liebe, denkt er. Ich habe es doch vorhin schon gewusst.

Kein Abschied, nur Orangen.

Mannsbilder
Für Sigrun Casper

Mannsbilder
hängen schief
in jedem Rahmen
offensichtlich
Staubfänger
geistern sie
in unseren Träumen herum
und vermehren sich
mannstoll
verfallen wir
immer wieder
dem Mannsbild

Mario Wirz

Inhalt

Die Hühner und Gott 9

Das erste Mal 31

Susanne ist die Schönste 45

Die Vorbereitung 50

Die Nacht vor der Hochzeit 79

Die Entscheidung 100

Vater 116

Die schwebende Last 119

Doppelbildnis mit Handtasche 139

Das ruhige Leben 178

Geschmacksfrage 229

Irene schläft 237

Impressum

© konkursbuch Verlag Claudia Gehrke Herbst 2010
PF 1621, D-72006 Tübingen
Telefon: 0049 (0) 7071 66551, Fax: 0049 (0) 7071 63539
www.konkursbuch.com
E-Mail: office@konkursbuch.com
Gestaltung: Verlag & Freundinnen
Bilder und Coverfoto von Sigrun Casper
Lektorat: Regina Nössler

ISBN: 978-3-88769-752-5